SIEGREICH SEIN
MIT GOTTES WORT

CHRISTINE DILLON

Übersetzt von
KERSTIN FEUERSÄNGER

LINKS IN THE CHAIN PRESS

www.storytellerchristine.com

English version copyright © 2020 Christine Dillon: Sword Fighting: Applying God's word to win the battle for our mind

Deutsche Version copyright © 2021 Christine Dillon

Alle Rechte vorbehalten. Alle Inhalte dieses Buches sind urheberrechtlich geschützt und dürfen ohne die ausdrückliche schriftliche Einwilligung der Autorin nicht verwendet werden, abgesehen von kurzen Zitaten in Buchrezensionen.

Bibeltexte aus der Schlachter Bibel, Version SCH2000, Copyright © 2000 Genfer Bibelgesellschaft

Wiedergegeben mit freundlicher Genehmigung. Alle Rechte vorbehalten.

Viele Namen in diesem Buch wurden geändert.

Das Lied in der Widmung ist von Hart (1723) (gemeinfrei).

Cover Design: Lankshear Design

ISBN: 978-0-6453547-1-3

Für meine OMF-Kollegen in Taiwan, Australien und in der ganzen weltweiten Gemeinschaft.

How good is the God we adore!

(Wie gut ist der Gott, den wir anbeten!)

Our faithful, unchangeable friend:

his love is as great as his pow'r

(Unser treuer, unveränderlicher Freund: Seine Liebe ist so groß wie seine Macht)

and knows neither measure nor end.

(Und kennt weder Maß noch Ende.)

For Christ is the first and the last;

(Denn Christus ist der Anfang und das Ende)

his Spirit will guide us safe home;

We'll praise him for all that is past

(Sein Geist wird uns sicher nach Hause führen; wir loben ihn für alles, was er getan hat)

and trust him for all that's to come.

(Und vertrauen ihm alles an, was noch kommen mag.)

INHALT

Vorwort vii

TEIL A: Das biblische Fundament

1. Unser täglicher Kampf 1
2. Die defensiven Teile unsere Waffenrüstung (zum Schutz) 13
3. Für unseren Angriff - das offensive Rüstungsteil 22
4. Unser Schwert im Alltag benutzen 34

TEIL B: Konkrete Probleme

5. Zorn 44
6. Sorgen 57
7. Angst 68
8. Angst beim Evangelisieren 82
9. Zweifel 89
10. Schuld 99
11. Unzucht 108

12. Schwaches Selbstwertgefühl 118

13. Entmutigung und Depression 128

14. Direkte geistliche Angriffe 150

15. Bitterkeit und Groll 159

Schlusswort 173

Hat dir dieses Buch gefallen? 179

Andere Bücher von Christine Dillon

Nachwort der Autorin

Danksagungen

Über Christine

VORWORT

Es war einmal ein ganz gewöhnliches Mädchen, das zu einer ganz gewöhnlichen Frau heranwuchs. Sie hatte keine außergewöhnlichen Talente; sie konnte eher von allem ein bisschen.

Ihre Gefühle glichen einer Achterbahn, je nachdem, was andere über sie dachten, oder schlimmer noch: was sie glaubte, was andere über sie dachten! Ein ganzer Tag konnte ihr dadurch verdorben werden, dass irgendeine unsensible Person so etwas fragte wie: „Hast du zugenommen?" Deshalb fühlte sie sich unter Leuten stets unwohl.

In ihrem Kopf liefen wiederholt Gedanken ab wie: „Wie könnte dich jemals jemand lieben?" oder: „Du bist nichts Besonderes und auch nicht viel wert."

Mangelnde Selbstachtung und Furcht lähmten schließlich dieses ganz gewöhnliche Mädchen. Sie konnte sich nur begrenzt um andere kümmern, denn einen Großteil ihrer emotionalen Energie brauchte sie für ihr eigenes Innenleben.

Diese gewöhnliche Person war ich. Erst als ich etwa sechsundzwanzig Jahre alt war, begann ich, die Lektionen aus diesem Buch zu verstehen. In vielen Bereichen bin ich immer noch ein Anfänger und habe noch viel zu lernen. Das kann jeder, der mich kennt, bestätigen. Doch ich wünschte, jemand hätte mir diese Sachverhalte schon viel früher erklärt und mir dadurch viel Schmerz erspart.

Vielleicht wusste Gott, dass ich vorher noch nicht bereit war, diese Lektionen zu lernen. Einiges von dem, was ich gelernt habe, will ich mit dir teilen in der Hoffnung, dass dir unnötiger Schmerz erspart bleiben möge und dass du zu dem Mann oder der Frau heranwächst, den oder die Gott aus dir machen will, dass du ein Leben lebst, das sich mehr nach der Ehre Gottes richtet als nach deiner eigenen Ehre; ein Leben im selbstlosen Dienst an anderen, anstatt ein Kreisen um dich selbst.

Wenn du immer wieder mit Angst, Zweifel, Sorgen, einem niedrigen Selbstwertgefühl oder Entmutigung zu tun hast, dann ist dieses Buch für dich.

Dieses Buch wurde im Tandem zu meinem vierten Roman geschrieben und soll dazu dienen einige der Themen, die darin vorkommen, zu vertiefen.[1]

Was dieses Buch nicht ist:

• Dieses Buch ist nicht dazu gedacht, eine umfassende Betrachtung jedes Problems und jeder Versuchung zu liefern, der man sich als Christ ausgesetzt sehen kann. Vielmehr zielt es darauf ab, zugrunde liegende Prinzipien zu erklären und diese anhand von häufig vorkommenden Problemen zu beleuchten und anzuwenden.

Selbst wenn deine individuelle Situation nicht in diesem Buch behandelt wird, solltest du in der Lage sein, das Prinzip dahinter zu erkennen und es auf deine spezielle Lebenslage anzuwenden.

• Dieses Buch ist auch nicht als tiefgründiges theologisches Lehrbuch gedacht. Stattdessen soll es ein Buch sein, das jeder „Durchschnitts-Christ" leicht verstehen kann.

Ein Wort zur Warnung

Praktische Bücher wie dieses können gefährlich sein, weil es sehr leicht passieren kann, dass man sie als Anleitung zur Selbsthilfe sieht im Sinne von: Wenn ich den Empfehlungen folge, werde ich ein besserer Mensch und habe ein besseres Leben.

Es ist wichtig, direkt zu Beginn zu betonen, dass die Bibel kein Selbsthilfebuch ist. Sie wurde nicht geschrieben, damit du weißt, wie du dich selbst verbessern und ein wertvolleres Mitglied der Gesellschaft sein kannst. Man kann nicht einfach hier und da darin lesen und sich dann die Dinge herauspicken, die einem zusagen und den Rest links liegen lassen.

Die Bibel ist weder ein Talisman, der Böses abwehrt, noch ein Rezept fürs Glücklichsein, das stets funktioniert. Die Bibel handelt von einem großen Gott, dem es um die Beziehung zwischen Ihm und uns geht, um Seine Geschöpfe. Sie macht uns mit dem Gott bekannt, der uns erschaffen hat und der uns als Seine Kinder, die sich an Ihm freuen, annehmen will. Grundlage all dessen, was Gott uns schenken will, ist die Freiheit zur Entscheidung, Ihn als unseren Vater zu lieben und Ihm als unserem König zu dienen. Tragischerweise weisen wir Ihn als König oft zurück, setzen uns die Krone selbst auf den Kopf und nehmen Ihm damit sowohl Seine Aufgabe als auch Seinen Ruhm.

Alle Probleme, um die es in diesem Buch geht - Angst, Zorn, Schuld, Depression - existieren, weil wir Gott zurückgewiesen haben. Denn ohne Gott schneiden wir uns selbst von der Quelle des Lebens ab. Wir sind somit tot. Ja, genauso tot wurden wir schon geboren - das ist ein Zustand, den wir naturgemäß nicht akzeptieren wollen. Solange wir nicht Gottes Diagnose unseres Problems annehmen, werden wir die Bibel wie ein Selbsthilfebuch sehen und frustriert sein, wenn sie als solches nicht funktioniert.

Wir sind Rebellen. Wir lehnen uns gegen Gott auf und brauchen verzweifelt einen Retter. Gott allein kann die Toten auferstehen lassen. Jedoch wir sind es, die in der Tat tot sind, geistlich tot. Wenn wir Schritt für Schritt in unserer menschlich begrenzten Art begreifen würden, was Gott für uns tat, als er den Retter, Jesus, auf die Erde schickte und Ihn an unserer Stelle sterben und unsere Schande auf Sich nehmen ließ, dann würden wir Gott auf Knien um Seine Vergebung und Gnade anflehen.

Wenn wir uns Gottes Familie anschließen, werden uns viele Gaben zugesprochen, und eine davon ist, dass wir „eine neue Schöpfung" sind (2. Kor 5,17). Wir können uns darauf verlassen, dass Christus uns verändern wird, und dann ist der Zeitpunkt erreicht, an dem wir die Lehren der Bibel wirklich nutzen können. Gott verändert seine Kinder, sodass wir immer mehr zu dem werden, was wir sein sollen.

Deswegen möchte ich dich gleich zu Beginn ernsthaft bitten, dich nicht täuschen zu lassen, du könntest ohne eine radikale Veränderung deines Herzens, die nur Jesus bewirken kann, besser werden. Wir können uns nicht ändern, ohne Jesus als unseren Retter anzunehmen. Wenn du an diesem Punkt noch Zweifel hegst, dann könnte es hilfreich sein, erst die folgenden Quellen aufmerksam durchzulesen, bevor du dieses Buch weiterliest.

- "A Fresh Start" von John Chapman[2]
- www.storyingtheScriptures.com bietet eine Sammlung aus Geschichten, die du nutzen kannst, um die Frohe Botschaft zu vermitteln, von der Schöpfungsgeschichte bis hin zu Jesu Tod und Auferstehung (in vielen Sprachen verfügbar, leider noch nicht auf Deutsch).
- "Christianity Explored" - ein Kursbuch in englischer Sprache, inkl. Online-Ressourcen[3]
- "Uncovering the Life of Jesus" von Rebecca Manley Pippert[4]

---

1. *Grace in the Desert* wurde im Juni 2020 veröffentlicht. Geplant sind insgesamt sechs zeitgenössische christliche Romane, welche in Australien spielen. Am Schluss dieses Buches findet sich eine Liste aller Romane mit Details.
2. John Chapman, *A Fresh Start* (Sydney: Matthias Media, 1997).
3. Rico Tice and Barry Cooper, *Christianity Explored* (Epsom, Surrey: The Good Book Company/CE, 2016).
   https://www.christianityexplored.org/

4. Rebecca Manley Pippert, *Uncovering the life of Jesus* (Epsom: The Good Book Company, 2015).

TEIL A: DAS BIBLISCHE FUNDAMENT

KAPITEL 1
UNSER TÄGLICHER KAMPF

Wenn jemand Christ wird, begibt er sich in einen Kampf. Es ist kein physischer Kampf, sondern ein geistlicher. Ein Kampf der Gewohnheiten, Wünsche und Werte unseres alten Lebens mit denen unseres neuen Lebens, das wir haben seit wir Kinder Gottes geworden sind. Es ist ein Kampf um unsere Herzen und unseren Verstand, ein Kampf um unsere Sehnsüchte, Gefühle und Gedanken.

Epheser 6 enthält die bekannteste Passage der Bibel über den geistlichen Kampf. Sie beginnt so:

> Im Übrigen, meine Brüder, seid stark in dem Herrn und in der Macht seiner Stärke. Zieht die ganze Waffenrüstung Gottes an, damit ihr standhalten könnt gegenüber den listigen Kunstgriffen des Teufels; denn unser Kampf richtet sich nicht gegen Fleisch und Blut, sondern gegen die Herrschaften, gegen die Gewalten, gegen die Weltbeherrscher der Finsternis dieser Weltzeit, gegen die geistlichen [Mächte] der Bosheit in den himmlischen [Regionen]. Deshalb ergreift die ganze Waffenrüstung Gottes, damit ihr am bösen Tag widerstehen und, nachdem ihr alles wohl ausgerichtet habt, euch behaupten könnt.

(Epheser 6,10–13)

Wir wollen uns zunächst mit einigen Tatsachen/Fakten beschäftigen.

1. Wir befinden uns in einem Kampf

Paulus, Autor des Epheserbriefes, war Realist, weswegen er zu Beginn darauf hinweist, dass wir uns in einem Kampf befinden. Kein irdischer, sondern ein geistlicher Kampf. Deswegen sind unsere Feinde, das Schlachtfeld und die Waffen auch geistlicher Natur und nicht irdischer.

Vielen Christen scheint nicht bewusst zu sein, dass sie sich in einem Kampf befinden. Manche glauben vielleicht nicht einmal an die Existenz des Feindes. Ist es deshalb nicht verwunderlich, dass sie in ihrem täglichen Leben so oft scheitern?

2. Wir haben einen Feind

Epheser 6 bezeichnet den Teufel als unseren größten Feind. In der Heiligen Schrift hat er viele verschiedene Namen und jeder davon offenbart etwas über seinen Charakter. Satan („der Widersacher"), Luzifer („der Morgenstern"/„der Lichtträger") und Beelzebub („Herr der Fliegen" oder „Herr des Misthaufens") (Mt 10,25; Mt 12,24; Mt 12,27).[1] Es kommen auch allgemeinere Bezeichnungen vor, wie „Fürst der Welt" (Joh 14,30) oder „Fürst, der in der Luft herrscht" (Eph 2,2). Es gibt sowohl zahlreiche Erwähnungen Satans (als ob verhindert werden soll, dass wir ihn vergessen) als auch kurze Anmerkungen (als ob er auf seinen Platz verwiesen werden soll, weit unterhalb von Gott). Im Unterschied zu östlichen Philosophien wie Yin und Yang sind Gott und Satan nicht zwei gleich große, aber entgegengesetzte Kräfte.[2] Die Bibel präsentiert Satan als eine Kreatur, ein geschaffenes Wesen, das von Gott besiegt wurde. Epheser 6 sagt uns, dass Satan und seine

Getreuen (in der Bibel auch Dämonen oder böse Geister genannt) die Fürsten und Mächte einer dunklen und bösen geistlichen Welt sind. Sie sind nicht erfunden, sondern sie haben Macht, und für die Unvorbereiteten stellen sie eine echte Bedrohung dar. Die Bibel gibt uns viele weitere Anhaltspunkte zu Satan. Wie in jedem Kampf gilt: Je besser wir unseren Feind kennen, umso besser können wir ihm widerstehen.

Die Bibel macht deutlich, dass Gott das Einzige nicht erschaffene Wesen ist. Die geistlichen Mächte, bekannt als Engel, wurden von Gott erschaffen, um Ihm zu dienen. Wie den Menschen scheint auch den Engeln ein freier Wille gegeben zu sein. Es gibt Hinweise darauf, dass Satan diesen freien Willen genutzt hat, um sich gegen Gott aufzulehnen und dadurch sowohl böse als auch Feind Gottes zu werden.[3] Seitdem ist es Satans Ziel, Gottes Pläne zu zerstören und besonders feindselig gegenüber Gottes Volk zu sein. Er wird beschrieben als der Feind, der „umhergeht wie ein brüllender Löwe und sucht, wen er verschlingen kann" (1. Petr 5,8). Als Feind Gottes hasst es Satan, wenn wir uns freuen und beten sowie anderen das Evangelium weitersagen. Stattdessen versucht er, uns gefangen zu nehmen (2. Tim 2,26), uns seinem Willen zu unterwerfen und geistliche Wahrheiten vor uns zu verbergen (2. Kor 4,4).

Die Waffen Satans[4]

Satan hat verschiedene Waffen zur Verfügung, die er häufig einsetzt. Seit Jahrtausenden verwendet er dieselben Waffen, weil die Menschen nach wie vor darauf hereinfallen.

a) Lüge und Täuschung

In Johannes 8,44 sagt Jesus über Satan:

> ... denn Wahrheit ist nicht in ihm. Wenn er die Lüge redet, so redet er aus seinem Eigenen, denn er ist ein Lügner und der Vater derselben.

Einige von Satans erfolgreichsten Verführungen vermischen Wahrheit mit Unwahrem, weil eine Lüge, die ein bisschen Wahrheit enthält, für uns schwer zu erkennen ist.

Satan wird als derjenige beschrieben, der sich als „Engel des Lichts" verstellt (2. Kor 11,14). Sei nicht überrascht, wenn seine Lügen überzeugend klingen und aussehen als ob sie das Richtige wären.

b) Angst

Satan versucht uns durch sein Brüllen Angst einzujagen. Wir kauern uns zitternd und verängstigt zusammen, unfähig, vorwärts zu gehen oder dem HERRN zu gehorchen (1. Petr 5,8).

c) Zweifel

Im Garten Eden sagte die Schlange zu Eva:

> Sollte Gott wirklich gesagt haben, dass ihr von keinem Baum im Garten essen dürft?
>
> (1. Mose 3,1)

Er wollte, dass Eva daran zweifelte, dass Gott wirklich gut ist und nur ihr Wohl im Sinn hatte. Natürlich wusste die Schlange, welcher Baum als Einziger für Adam und Eva verboten war, aber die Art, wie sie die Frage formulierte, implizierte, dass Gott unfair und tyrannisch sei. Der Same des Zweifels war gesät und begann Wurzeln zu schlagen.

Gottes Güte, Gerechtigkeit oder Macht in Zweifel zu ziehen, ist ein sehr beliebter satanischer Trick. Ist der Zweifel erst gesät, denken wir es ist in Ordnung gegen Gott zu rebellieren und uns zu weigern, Seinen Willen zu tun.

3. Kampf ist für Christen normal

Kommen wir noch einmal auf Epheser 6 zurück: Wir sehen, dass der geistliche Kampf für Christen zum Alltag gehört. Tatsächlich sind wir von dem Moment an diesem Kampf ausgesetzt, in dem wir uns entscheiden, Jesus als unserem König nachzufolgen. Jesus warnte seine Jünger wiederholt: Sobald wir uns entscheiden Ihm nachzufolgen, wird die Welt uns hassen.[5]

Wenn euch die Welt hasst, so wisst, dass sie mich vor euch gehasst hat. Wenn ihr von der Welt wärt, so hätte die Welt das ihre lieb; … Haben sie mich verfolgt, so werden sie auch euch verfolgen; … Aber das alles werden sie euch antun um meines Namens willen; denn sie kennen den nicht, der mich gesandt hat.

(Johannes 15,18–21)

Satan hasst es, wenn wir das Licht der Dunkelheit vorziehen. Er wird sein Möglichstes tun, um uns wieder zurück in die Dunkelheit zu holen und Gottes Pläne zu zerstören. Wir werden aktiv verfolgt, verhöhnt und ungerecht behandelt werden, weil wir Jesus nachfolgen, dem Gekreuzigten, der als Herr und Retter von den Menschen zurückgewiesen wurde.

Die Schwierigkeit hierbei ist, dass ein geistlicher Kampf oft unwirklich erscheint. Dafür kann es verschiedene Gründe geben. Zum einen mag es sein, dass unsere Wertvorstellungen denen von Nichtchristen so ähnlich sind, dass Satan seine Zeit nicht damit verschwendet, uns den Kampf bewusst zu machen. Er kann uns einfach in den Schlaf lullen und hoffen, dass wir wieder auf seine Seite des Kampfes zurückdriften. Wenn wir uns nicht aktiv darum bemühen, in Gottes Wort zu lesen, unser Vertrauen im Gebet auf Gott zu setzen, als Nachfolger Jesu zu leben und anderen von unserem Glauben zu erzählen, hat Satan wenig Grund uns zu fürchten.

Zum anderen mag es sein, dass uns Satan und seine Bemühungen gar nicht bewusst sind. Wenn wir die Bibel nicht gut genug kennen, kann es sein, dass wir geistliche Konflikte nicht wahrnehmen. Wir könnten sogar Dinge, die in unserem Leben passieren, fälschlicherweise auf „Zufälle" zurückführen.

Die Worte von Paulus erinnern uns daran, dass wir uns als Nachfolger Jesu automatisch im Krieg befinden, ob wir das wollen oder nicht und ob es uns bewusst ist oder nicht. Allerdings lässt uns Paulus mit dieser Schreckensnachricht nicht im Stich; er weist uns auf unsere Verantwortung hin und macht deutlich, wie wir diesen Krieg führen können.

4. Wir haben alles bekommen, was wir für diesen Kampf brauchen

Immer wieder wird in Epheser 6 darauf hingewiesen, dass die Rüstung, die wir anlegen sollen, die „Waffenrüstung Gottes" ist (Eph 6,11; 6,13) und dass wir „stark in dem Herrn und in der Macht seiner Stärke" sein sollen (Eph 6,10). Dies ist die Kernaussage der Bibelstelle. Wenn wir uns und unser Handeln nicht an den Richtlinien Gottes ausrichten, werden wir niemals die tiefgreifende Veränderung erleben, die wir brauchen. Oberflächliche Veränderungen werden sich immer als unecht erweisen, sobald wir unter Druck geraten. Das ist in etwa so, als wollte man bei Masern den Ausschlag mit einem einfachen Pflaster überkleben. Das Pflaster mag den Ausschlag kurzfristig abdecken, aber es heilt nicht die darunter liegende Infektion.

Vom Anfang bis zum Ende spricht die Bibel davon, dass wir eine Krankheit haben, die tödlich verläuft. Wenn wir geboren werden, sind wir geistlich tot (Eph 2,1), trotz unserer Fähigkeit zu weinen, zu strampeln und Milch zu trinken.[6] Einzig und allein Jesus kann uns unsere Vergangenheit vergeben, uns neues Leben schenken und uns die Kraft geben Satan zu widerstehen. Bevor wir von Gott neu geboren wurden, standen wir unter Satans Herrschaft, weil unsere Natur schon von Geburt an in diese Richtung verbogen war.

So wie manche Menschen irrtümlich glauben, dass wir uns aus eigener Kraft retten können, kann es uns leicht passieren, dass wir uns in unserem christlichen Alltag wieder auf uns selbst verlassen. Unsere Fähigkeit, Satan zu widerstehen, hängt vollständig von der Waffenrüstung ab, die Gott uns geschenkt hat. Und wie alle anderen Gaben, die wir bekommen haben, als Gott uns als seine Kinder adoptierte, wurde uns diese Rüstung gnädig und gerne gegeben. Wir müssen Gott nicht um seinen Schutz anbetteln und wir können uns diesen auch in keiner Weise verdienen.

Gnade ist ein unserer Natur so fremdes Konzept, dass wir uns nicht wundern sollten, wenn wir unser ganzes Leben lang darum ringen, sie zu begreifen. Gottes Gnade ist ein großzügiges Geschenk an uns, aber für Gott selbst ist sie unermesslich kostbar und teuer.

5. Es liegt in unserer Verantwortung, die Waffen zu gebrauchen

Wenn wir uns die Anweisungen in Epheser 6 anschauen, können wir uns in etwa vorstellen, welche Verantwortung wir in diesem Kampf haben:

> ... seid *stark* in dem Herrn und in der Macht seiner Stärke. *Zieht* die ganze Waffenrüstung Gottes *an*, ... damit ihr *standhalten* könnt gegenüber den listigen Kunstgriffen des Teufels;
>
> (V. 10-11, Hervorhebung durch die Autorin).

Und in den Versen 13-19:

> Deshalb ergreift die ganze Waffenrüstung Gottes, damit ihr am bösen Tag widerstehen und, nachdem ihr alles wohl ausgerichtet habt, euch behaupten könnt.
>
> So steht nun fest, eure Lenden umgürtet mit Wahrheit, und angetan mit dem Brustpanzer der Gerechtigkeit, und die Füße gestiefelt mit der Bereitschaft [zum Zeugnis] für das Evangelium des Friedens.
>
> Vor allem aber ergreift den Schild des Glaubens, mit dem ihr alle feurigen Pfeile des Bösen auslöschen könnt, und nehmt auch den Helm des Heils und das Schwert des Geistes, welches das Wort Gottes ist, indem ihr zu jeder Zeit betet mit allem Gebet und Flehen im Geist, und wacht zu diesem Zweck in aller Ausdauer und Fürbitte für alle Heiligen, auch für mich, damit mir das Wort gegeben werde, sooft ich meinen Mund auf tue, freimütig das Geheimnis des Evangeliums bekannt zu machen.

Paulus wiederholt diese Anweisungen, als wolle er sie uns ins Gedächtnis einbrennen. Er gibt uns drei Arten von Anweisungen: fest stehen, verschiedene Rüstungsteile anlegen und beten.

a) Standhalten

Mindestens fünfmal sagt uns Paulus, dass wir standhalten sollen. Es ist keine Rede davon, voranzugehen und Satan zu bezwingen. Satan zu besiegen ist weit jenseits unserer Macht; dies ist Jesu Aufgabe und Er hat sie sogar schon erfüllt. Satan ist bereits besiegt durch Jesu Tod und Auferstehung. Jesu Auferstehung war die Aufhebung seines Todes. Diese kündigte Satans Niederlage an. Die größte Waffe des Teufels (der Tod und die Angst davor) wurde zerstört, als Jesus von den Toten auferstand. Satan ist ein besiegter Feind und deswegen sollen wir fest auf der Gewissheit stehen, dass Jesus den Sieg für uns bereits errungen hat. Wir können uns sicher sein, dass Satan keine

Macht mehr über uns hat, wenn wir uns dafür entscheiden, dem von Jesus errungenen Sieg zu vertrauen und ihn für uns anzunehmen.

Du magst fragen: „Wenn Satan am Kreuz besiegt wurde, warum scheint er dann immer noch so mächtig und aktiv zu sein?" Das ist eine gute Frage. Es ist ungefähr so, wie wenn man eine Küchenschabe mit Insektenspray besprüht. Wenn das Aerosol die Küchenschabe trifft, könnte man im ersten Moment glauben, dass es ein regelrechtes Energiespray für die Küchenschabe ist. Ein paar Minuten lang rennt die Küchenschabe wie wild herum und erschreckt jeden. Bis sie plötzlich auf dem Rücken liegt und mit ihren Beinen strampelt, aber dann ist sie ruhig. Tot! Obwohl die Schabe eine kurze Zeit lang sogar energischer gewirkt haben mag, sagt uns die Erfahrung, dass sie unweigerlich sterben wird. Der Kampf gegen Satan ist sehr ähnlich. Jesu Auferstehung garantiert Satans Ende. Aber bis dieses Ende kommt, scheint Satan noch energischer darauf bedacht zu sein, Gottes Pläne und Seine Schöpfung zu zerstören.

Wir brauchen uns nicht zu fürchten. Solange wir fest auf Gottes Versprechen stehen, die wir in der Bibel finden, sind wir in Sicherheit. Satan kann denjenigen, die auf Jesus vertrauen, nichts anhaben, ganz egal wie sehr Satan uns davon überzeugen will, er sei so gefährlich wie ein Löwe. Die Bibel sagt uns, dass Jesus der Löwe von Juda ist (Offb 5,5), und im Vergleich dazu ist Satan nur ein Miezekätzchen. Beachte in 1. Petrus 5,8 heißt es, Satan gehe „umher *wie* ein brüllender Löwe". Petrus spricht nicht davon, dass er ein Löwe *sei*. Wenn Satan uns aber davon überzeugen kann, dass er ein Löwe ist, dann kann er uns besiegen.

b) Die Rüstung anlegen

Als nächstes sind wir angewiesen verschiedene Rüstungsteile anzulegen. Obwohl wir diese Rüstung bekommen haben, um sie zu gebrauchen, verstauen sie manche von uns im Schrank und vergessen sie dort. Andere lassen sie bildlich gesprochen auf einem Haufen am Boden liegen, wo sie mangels Benutzung Rost ansetzt. Manche polieren und bewundern sie vielleicht und hüten sie wie einen Schatz, den sie niemals verwenden. Gott hat uns aber mit der Rüstung ausgestattet, weil Er weiß, dass wir sie brauchen, und weil Er will, dass wir sie benutzen. Obwohl wir also alle über dieselbe Rüstung verfügen und damit über alles, was wir benötigen, um gegen Satan zu bestehen, müssen wir selbst die Entscheidung treffen, die Rüstung anzulegen und Satan entgegen zu treten.

Traurigerweise entscheiden sich viele von uns (absichtlich oder auch nicht) dafür, die Rüstung nicht anzulegen, und sind deshalb nicht vor Satans Lügen und Zweifel geschützt. Sie glauben ihm, was er sagt, und geben regelmäßig den Sünden von Sorge, Zweifel und Angst nach.

Außerdem werden wir ermahnt die gesamte Waffenrüstung Gottes anzulegen, nicht nur die Teile davon, die uns besonders wichtig erscheinen. Wir werden jedes einzelne Teil davon brauchen, um standhalten zu können. .

c) Gebet

Paulus fordert uns auf zu beten:

---

indem ihr zu *jeder* Zeit betet mit *allem* Gebet und Flehen … und … in *aller* Ausdauer und Fürbitte für *alle* Heiligen,

(V. 18, Hervorhebung durch die Autorin).

Sich im Gebet so um andere zu bemühen, indem man für alle Christen zu jeder Zeit für deren Anliegen einsteht, ist harte Arbeit. Es ist keines der lustlosen Gebete, die wir murmeln, bevor wir abends einschlafen, sondern ein inbrünstiges Gebet, das in höchster Aufmerksamkeit gesprochen wird. Es ist ein Gebet in vollem Bewusstsein dessen, dass wir uns in einem Kampf befinden, und ein solches Gebet ist äußerst wirksam. Es ist ein biblisches Gebet, kein Gefasel wie „bringe der Welt Frieden". Es ist das konkrete, vertrauensvolle Gebet von jemandem, der den himmlischen Vater und die geistliche Situation mit klarem Auge erkennt.

Dieses Gebet soll „im Geist" geschehen. John Stott sagt dazu, dass unser Gebet vom Heiligen Geist „eingegeben und geleitet" sein soll.[7] Der Heilige Geist ist es, der uns sowohl von der Dringlichkeit des Gebets überzeugt, aber uns auch in jeder Situation zeigt, wie wir beten sollen. Ein Gebet im Geist geschieht der Heiligen Schrift gemäß und folgt ihren Prinzipien. Es enthält beides, den Lobpreis Gottes, aber auch das Inanspruchnehmen der Versprechen, die wir in der Bibel finden.

Paulus bittet die Christen in Ephesus außerdem darum, für ihn zu beten, dass er den Mut hat, das Evangelium so furchtlos zu predigen, wie er es tun soll. Waren die Epheser über Paulus' Bitte verwundert? Haben sie ihn, wie wir das zu tun pflegen, auf ein Podest gehoben und angenommen, dass er niemals Angst hatte das Evangelium zu predigen? Immerhin war dies der Mann, der das Evangelium nach Ephesus gebracht hatte und dafür ins Gefängnis gekommen war. Sicher hatte er diese Furcht längst besiegt!

Wie muss Paulus' Offenheit die Epheser ermutigt haben. Selbst der große Missionar und Evangelist hatte noch immer mit Furcht zu kämpfen und drückte seine Wertschätzung für die Gebete der Epheser aus. Paulus wusste, dass selbst die besten Evangelisten immer noch mit derselben Furcht zu kämpfen haben wie beim ersten Mal, als sie mit anderen über ihren Glauben sprachen.

Fragen zur Reflexion:

1. Wie oft denkst du daran, dass du dich in einem geistlichen Kampf befindest?

2. Warum sind die Menschen wider besseren Wissens abgestumpft?

3. Welche der fünf Tatsachen vergisst du am ehesten? Warum?

4. Welche der fünf Tatsachen sprechen dich besonders an? Warum?

5. Was würde dir helfen, diese Wahrheiten fest in deinem Leben zu verankern?

Du könntest dich mit einer Geschichte aus der Bibel befassen und über ihre Wahrheiten meditieren.[8] Zum Beispiel 1. Mose 3,1-15 oder Lukas 4,1-13.

Gebetsvorschläge:

1. Bitte Gott darum, dass Er dir hilft, die Tatsache des Kampfes im Gedächtnis zu behalten!

2. Lobe und preise Gott für Seinen Schutz!

3. Nimm Gottes Schutz in Anspruch!

---

1. https://www.bibelkommentare.de/index.php?page=dict&article_id=1107
2. Dargestellt als zwei ineinander greifende schwarze und weiße Symbole, die zusammen einen Kreis ergeben. Gleiches und Gegensatz, Dunkelheit und Licht.
3. Offenbarung 12 und andere Abschnitte geben Hinweise auf Satans Vergangenheit. Einige Stellen in den Propheten (z. B. Jes 14,12-15 und Hes 28) scheinen auf Babylon und Tyros bezogen, aber die verwendeten Worte deuten darauf hin, dass diese Länder nur Beispiele für einen viel älteren und umfassenderen Hochmut sind.
4. Ein exzellentes Buch über die Wirklichkeit des geistlichen Kampfes und einige der Machenschaften Satans ist das Buch von C. S. Lewis *Dienstanweisung für einen Unterteufel* (Verlag Herder GmbH, 2015).
5. „Welt" im Johannesevangelium bedeutet alles was und jeden der Jesus widersteht.
6. Viele Kulturen glauben, dass Kinder sündlos geboren werden. Aber schauen wir uns an, wie kleine Kinder sich verhalten: Müssen die Eltern ihnen beibringen, selbstsüchtig zu sein? Nein, sondern vom ersten Tag an bringen gute Eltern ihren Kindern bei das Richtige zu tun.
7. John Stott: *Die Botschaft des Epheserbriefes* (pulsmedien, 2012).
8. www.storyingtheScriptures.com
    bietet viele hilfreiche Anregungen, wie du biblische Geschichten in deinem Leben und deinem Dienst einsetzen kannst.

KAPITEL 2

DIE DEFENSIVEN TEILE UNSERE WAFFENRÜSTUNG (ZUM SCHUTZ)

Paulus zählt sechs Rüstungsteile auf, die Gott uns für unseren geistlichen Kampf zur Verfügung stellt:

> So steht nun fest, eure **Lenden umgürtet mit Wahrheit**, und angetan mit dem **Brustpanzer der Gerechtigkeit**, und die **Füße gestiefelt** mit der Bereitschaft [zum Zeugnis] für das Evangelium des Friedens. Vor allem aber ergreift den **Schild des Glaubens**, mit dem ihr alle feurigen Pfeile des Bösen auslöschen könnt, und nehmt auch den **Helm des Heils** und das **Schwert des Geistes**, welches das Wort Gottes ist,
>
> (Eph. 6,14-17, Hervorhebung durch die Autorin)

Diese ausgedehnte Metapher ist eine, mit der Paulus' Leser, die im Römischen Reich lebten, durchaus vertraut waren. Es gibt hier zwei wichtige Auslegungsmöglichkeiten für Paulus' Worte. Manche interpretieren die Rüstungsteile im Hinblick auf unsere Gottesfürchtigkeit: Der Gürtel stellt unsere Integrität dar, der Brustpanzer unsere Rechtschaffenheit und so weiter.

Andere jedoch richten ihre Interpretation auf die Gaben aus, die Jesus uns durch seinen Tod und seine Auferstehung gegeben hat. John Stott argumentiert gegen eine Entweder-oder-Interpretation und für ein Sowohl-als-auch.[1]

Obwohl Paulus ausdrücklich betont, dass die Rüstung uns von Gott gegeben ist, erscheint mir die zweite Interpretationsmöglichkeit überzeugender. Deshalb neige ich selbst zur Sowohl-als-auch Interpretation.

Fünf der Rüstungsteile können als defensiv, als schützend betrachtet werden (Helm, Brustpanzer, Stiefel, Gürtel, Schild), und nur eines als offensiv, als zum Angriff gedacht (das Schwert), obwohl es auch zur Verteidigung dienen kann. Dieses Kapitel ist den fünf schützenden Teilen gewidmet, das Schwert bekommt ein eigenes Kapitel.

1. Der Gürtel

Es mag seltsam erscheinen, einen Gürtel als ein Rüstungsteil zu bezeichnen. In einem Zeitalter jedoch, in dem Soldaten schwere Lederröcke trugen, die sie von der Hüfte abwärts bis zu den Knien schützten, war ein Gürtel unerläßlich. Neben dem zusätzlichen Schutz, den er dem Soldaten um die Hüfte herum bot, verhinderte er auch, dass der Rock nach unten rutschte und der Soldat den Schutz verlor, den das Leder ihm bot. Wenn der lederne Rock verrutschte, konnte der Soldat darüber stolpern und sich leicht angreifbar am Boden wiederfinden.

Könnte es vielleicht sein, dass Paulus die Wahrheit als Gürtel wählt, weil sich die Schwertscheide an ihm befindet? Dadurch wird eine Verbindung des Gürtels der Wahrheit mit dem „Schwert des Geistes, welches das Wort Gottes ist" hergestellt.

Wie alle anderen Rüstungsteile ist auch der Gürtel ein Geschenk Gottes. Diese „Wahrheit" bezieht sich zuallererst auf die objektive Wahrheit, die Christus ist, und gleichzeitig auf Sein Wort. Satan hasst jegliche Wahrheit, weil alleine die Wahrheit vor seinen Lügen schützt. Wenn der Gürtel fest sitzt, können wir die Wahrheit von der Lüge unterscheiden und dadurch vermeiden, in unserem geistlichen Leben zu stolpern und hin zu fallen.

Unsere Aufrichtigkeit und Wahrhaftigkeit werden immer eine Antwort auf Gottes große Geschenke an uns sein. Wir legen größten Wert auf die Wahrheit, weil wir größten Wert auf Jesus legen und ganz genau wissen, dass Er derjenige ist, der sagte: „Ich bin ... die Wahrheit" (Joh 14,6).

Als Nachfolger Jesu sind wir dazu aufgerufen, Seinen Charakter widerzuspiegeln. Wenn wir lügen oder unaufrichtig sind, kämpfen wir mit Satans Waffen und werden unterliegen. Wenn wir aber mit reinem Herzen Gottes Wahrheit lieben, dann können wir uns gegen Satans Lügen verteidigen. Dann wird er vor uns fliehen.

2. Der Brustpanzer

John Stott zufolge bedeckte ein römischer Brustpanzer sowohl die Vorder- als auch die Rückseite des Körpers und schützte alle lebenswichtigen Organe inklusive dem verletzlichen Herzen.[2] Paulus verwendet das Wort „Gerechtigkeit", um auf die Rechtfertigung hinzuweisen, die wir durch Jesu Tod am Kreuz für uns erfahren dürfen, und um uns daran zu erinnern, dass wir uns gezielt dafür entscheiden müssen, auf dem Weg moralischer Rechtschaffenheit zu wandeln.

Dieses Geschenk Gottes wird in 2. Korinther 5,21 wunderschön zusammengefasst:

> Denn er hat den, der von keiner Sünde wusste, für uns zur Sünde gemacht, damit wir in ihm [zur] Gerechtigkeit Gottes würden.

Es fällt uns schwer zu verstehen, dass unsere Sünde auf Jesus übertragen werden kann und Seine Gerechtigkeit auf uns. Wie kann Gott einen Christen anschauen und nicht den Sünder, sondern nur Sein geliebtes Kind sehen?

Das chinesische Schriftzeichen für Gerechtigkeit vermittelt dies gut. Es besteht aus zwei Teilen: Das untere ist das Zeichen für „ich", das obere für „Lamm". Jesus wird in verschiedenen Situationen als „Lamm Gottes" bezeichnet (Joh 1,29; 1. Petr 1,19). Wir sind also gerechtfertigt worden, sind gerecht vor Gott. Wenn nun Gott hinunter schaut, sieht Er nur Jesus das Lamm, nicht mich. Somit werde ich für gerecht erklärt.

Wie sollen wir nun dieses Rüstungsteil anlegen? Wir müssen uns ständig daran erinnern, dass wir gerechtfertigt und ohne Scham vor Gott stehen können aufgrund dessen, was Jesus für uns getan hat und nicht aus unserer eigenen Gerechtigkeit. Wenn wir uns auf uns selbst verlassen, ist all unsere „Gerechtigkeit" nur noch fürchterlich peinlich, wie ein „beflecktes Kleid" (Jes 64,5).

Warum ist dies keine Handlung, die einmal ausgeführt für immer gilt? Weil Satan nicht so leicht aufgibt. Er wird uns ständig angreifen.

Aber wenn Satan uns anklagt, können wir ihn mit dem Wort Gottes aus Römer 8,1 und 8,33 besiegen:

> So gibt es jetzt keine Verdammnis mehr für die, welche in Christus Jesus sind ... Wer will gegen die Auserwählten Gottes Anklage erheben? Gott [ist es doch], der rechtfertigt!

Was für eine wunderbare Gewissheit! Jedoch ist es nur für diejenigen eine Gewissheit und ein Schutz, die in Jesus Christus sind.

Wenn wir darauf beharren, uns auf unsere eigene Tugend zu verlassen, stehen wir Satans Anschuldigungen schutzlos gegenüber. Denn unsere Tugend ist nichts wert, ist lächerlich. Sie wird so oft befleckt durch unsere Selbstsüchtigkeit und andere falsche Motive, sodass sie wirklich nutzlos ist. Nur in Jesus allein haben wir überhaupt irgendeinen Schutz.

Max Turner betont, dass hierbei Gerechtigkeit, Heiligkeit und Integrität gemeint sind.[3] Diese sind es, die Satan tatsächlich besiegen, weil sie unser neues Leben in Christus kundtun. Diese Gerechtigkeit ist die Antwort auf Gottes großzügiges Geschenk in Form von Jesu Gerechtigkeit. Mit anderen Worten, wir sollen die Stellung leben, die wir in Christus haben. Deswegen sagt Paulus auch in Epheser 4,24, dass wir „den neuen Menschen angezogen" haben, „der Gott entsprechend geschaffen ist in wahrhafter Gerechtigkeit und Heiligkeit." Es ist interessant, dass er in Kapitel 4 dasselbe Verb verwendet („anziehen") wie in Kapitel 6, wo es um die Rüstung geht. Diese klare Anweisung erfordert unsere Mitwirkung. Wir werden nicht unter Zwang angekleidet, sondern müssen uns dazu entscheiden Heiligkeit anzuziehen als dankbare Antwort auf alles, was Jesus für uns getan hat.

Gottes Geschenk der Gerechtigkeit und die Heiligung unseres Lebens sind miteinander verbunden, aber Gottes Geschenk ist das wichtigere von beiden, denn ohne dieses könnte die Heiligung unseres Lebens niemals vollständig sein. Unsere Heiligung ist immer nur eine Antwort auf Gottes großzügiges Geschenk.

3. Die Stiefel

Gutes Schuhwerk sorgte dafür, dass die Füße eines Soldaten sicher standen, was es ihm erlaubte sein Schwert und seinen Schild effektiv einzusetzen. Anscheinend gibt es zwei maßgebliche Übersetzungen dieses Verses und sie betonen zwei verschiedene Nuancen.[4] Zum einen könnte der Vers „Der freudige Mut, wie ihn die Heilsbotschaft des Friedens schenkt, bekleide eure Füße gleichwie Schuhe" (Albrecht NT und Psalmen) heißen.[5] Demzufolge gibt uns die Kenntnis des Evangeliums und das Vertrauen darauf die nötige Standhaftigkeit, um uns gegen Satans Angriffe zu wehren. Ein tiefes Verständnis des Evangeliums und des Friedens, den es bringt, nicht nur mit Gott, sondern auch mit unseren Mitmenschen (Eph 2,14-17), hilft uns fest im Glauben zu stehen. Erneut: Dieses Verständnis entsteht, indem wir uns das Evangelium unaufhörlich selber predigen und ernstlich darüber meditieren.

In der anderen Übersetzung ziehen wir die Stiefel an, die unsere „Bereitschaft zum Zeugnis für das Evangelium des Friedens" sind (Schlachter 2000).[6] Dieser Friede ist sowohl der, den wir mit Gott haben, weil unser Sündenproblem durch Jesu Tod gelöst wurde, als auch der daraus resultierende zwischenmenschliche Friede. Diese Bereitschaft erinnert uns an Jesaja 52,7:

> Wie lieblich sind auf den Bergen die Füße des Freudenboten, der Frieden verkündigt, der gute Botschaft bringt, der das Heil verkündigt, der zu Zion sagt: Dein Gott herrscht als König!

Die erste Übersetzung betont, dass die Stiefel festen Halt im Kampf geben. Die zweite deutet auf die Fähigkeit hin, sich keine Ruhe zu gönnen, um das Evangelium des Friedens den Menschen zu bringen, die es noch nicht kennen. Satan wird es hassen, dass wir fest auf dem Evangelium stehen und nicht nachlassen es zu verkünden. Wir können nur bestehen, wenn wir von der Wahrheit und dem Wunder des Evangeliums überzeugt sind und uns selbst immer wieder daran erinnern.

Der US-amerikanische Redner und Autor Jerry Bridges sprach oft davon, uns „das Evangelium selbst zu predigen" und empfahl dies, aufgrund unseres schlechten Gedächtnisses, täglich zu tun.[7]

4. Der Schild

Zu Zeiten der Römer waren die Schilde aus Holz und Leder gemacht. Das Leder wurde gewässert, damit Feuerpfeile weniger Schaden anrichten konnten. Das Wort, das hier für Schild benutzt wird, ist dasjenige für den Ganzkörper-Schild, nicht für den kleinen, runden Schild.[8]

Satans Feuerpfeile können direkte dämonische Angriffe, Zweifel, Depression oder jegliche andere Versuchungen einschließen, denen wir uns ausgesetzt sehen und denen man nur mit dem Glauben an Gott begegnen kann. Dieser Glaube ist nicht etwas, was wir aus uns selbst heraus produzieren können, sondern vielmehr ein Vertrauen, das wir auf Gott und nicht auf uns selbst setzen. Dabei kommt es darauf an, worauf wir vertrauen und nicht auf die Stärke unseres Glaubens. So wie schon Jesus seine Jünger ermahnte: Selbst Glauben von der Größe eines Senfkorns ist mehr als genug, wenn wir auf Gott vertrauen (Mt 17,20; Lk 17,5-6).

5. Der Helm

Der Helm schützt den verletzlichen Kopf. Dies soll uns daran erinnern, dass wir niemals unsere Erlösung vergessen dürfen. Tatsächlich müssen wir uns ständig an die Wahrheiten des Evangeliums erinnern, um unseren Verstand und unsere Gedanken zu schützen. Dazu gehört:

- Wir erinnern uns daran, dass wir uns gegen Gott auflehnen, getrennt von Ihm sind und unfähig, uns selbst zu erlösen.
- Wir erinnern uns daran, dass Gott uns so sehr liebt, dass Er Jesus gesandt hat, um für uns zu sterben.
- Wir denken immer wieder darüber nach, was Jesus für uns getan hat, damit wir es von Jahr zu Jahr besser verstehen.
- Wir machen uns unsere Stellung bewusst: Wir sind jetzt eins mit Christus.

In 1. Thessalonicher 5,8 bezieht sich Paulus auf den Helm als die „Hoffnung auf das Heil". Deswegen müssen wir uns daran erinnern, dass Jesus nicht nur unser Heil in der Vergangenheit erwirkt hat, sondern dass wir uns auch darauf verlassen können, dass dies unsere vollständige und endgültige Erlösung bedeutet, wenn Jesus wiederkommt.

Ein fester Blick auf das erwirkte Heil, Dankbarkeit für die tägliche Erlösung und vertrauensvolles Hoffen auf die vollständige Errettung von allen Sünden und allen Schmerzen wird unseren Verstand und unsere Gedanken vor allen Arten von Angriffen schützen. Das wird uns mit fröhlicher Dankbarkeit erfüllen und mit Lobpreis für unseren gnädigen himmlischen Vater und Retter. Murren, Zweifel und Hoffnungslosigkeit müssen vor uns fliehen und wir ruhen im Frieden Gottes.

Fragen zur Reflexion:

1. Welches dieser Rüstungsteile bedeutet dir am meisten? Warum?

2. Was trägt jedes einzelne Teil zur gesamten Rüstung Gottes bei?

3. Sag laut zu dir selbst: „Ich bin die Gerechtigkeit Gottes" (2. Kor 5,21). Wie sieht deine instinktive Reaktion darauf aus? Woran mag das liegen?

Gebetsvorschläge:

1. Lobe und preise Gott für jedes dieser fünf Geschenke!

2. Bitte Gott darum, dass Er dir hilft zu verstehen, wie du diese schützenden Rüstungsteile in deinem Alltag „anziehen" kannst!

3. Nimm Gottes Schutz in Anspruch!

---

1. John Stott, *The Message of Ephesians* (Leicester: IVP, 1979), 278.
2. John Stott, *The Message of Ephesians* (Leicester: IVP, 1979), 278.
3. Max Turner, "Ephesians," in *New Bible Commentary* eds. D. A. Carson, , R. T. France, J. A. Motyer, and G. J. Wenham (Leicester: IVP, 1995), 1243.

4. Stott, *The Message of Ephesians*, 280.
5. *New English Bible* (Cambridge: Cambridge University Press; Oxford: Oxford University Press, 1970).
6. *Good News Translation* (New York: American Bible Society, 1992).
7. Die Autorin hörte dies von Jerry Bridges während eines Interviews am Sydney Missionary and Bible College, entweder 1996 oder 1997.
8. Stott, *The Message of Ephesians*, 281.

KAPITEL 3

FÜR UNSEREN ANGRIFF - DAS OFFENSIVE RÜSTUNGSTEIL

Wie wir im letzten Kapitel gesehen haben, wurden uns fünf Rüstungsteile zu unserem Schutz gegeben, aber nur das Schwert des Geistes für den Angriff. Das „Schwert des Geistes, welches das Wort Gottes ist" (Eph 6,17) hat eine Schlüsselrolle in Bezug auf alle anderen Teile.

Damit wir überhaupt Rüstungsteile anlegen können, müssen wir uns auf die Wahrheiten der Heiligen Schrift besinnen. Nehmen wir als Beispiel den Helm des Heils. Wie wendest du dieses Teil an, um deinen Kopf zu schützen? Jedenfalls nicht, indem du als bedeutungsloses Mantra „Heil, Heil, Heil" wiederholst, sondern indem du dich an all das erinnerst, was die Bibel über das Heil sagt. Je mehr wir über die große Erlösung meditieren, die Jesus für uns errungen hat, desto besser sind wir gegen Satans Angriffe geschützt.

Wir besinnen uns darauf, warum wir Erlösung brauchen, indem wir über unsere Rebellion gegen Gott und die vielen Methoden nachdenken, mit denen wir Ihn aus der Mitte unseres Lebens verdrängen. Wir sinnen über die Tatsache nach, dass wir uns niemals aus eigener Kraft erlösen können und dass Gottes Gnade die einzige Lösung für uns ist. Dann reflektieren wir darüber, wie Jesus uns gerettet hat, und über seine unglaubliche Liebe und Gnade für uns Rebellen. Das Leben eines Christen beginnt mit dem Kreuz und geht weiter mit dem Kreuz bis zum Tag unseres Todes.

Die anderen Rüstungsteile - Gerechtigkeit, Glaube, Evangelium des Friedens, Wahrheit - werden alle angelegt oder angewandt, indem wir uns Gottes Wort zuwenden und uns bewusst machen, mit welch großen Geschenken wir überreich ausgestattet wurden. Diese Bibelverse werden in uns das Bedürfnis wecken, Jesus noch besser kennenzulernen und die Erlösung immer mehr zu begreifen, die uns durch Jesu Tod am Kreuz zuteil wurde.

Das Schwert

Das Schwert ist das Schwert des Heiligen Geistes und wird ganz klar mit Gottes Wort gleichgesetzt. Wieder werden wir daran erinnert, dass das Schwert Gott gehört. Es ist Seine Waffe, die Er uns aus Gnaden gibt, um Satan angreifen zu können.

Nicht nur die Bibel wird als Gottes Wort bezeichnet, sondern auch Jesus, besonders in Johannes 1,1-3:

> Im Anfang war das Wort, und das Wort war bei Gott, und das Wort war Gott. Dieses war im Anfang bei Gott. Alles ist durch dasselbe entstanden …

Jeder Satz bietet neue Hinweise zu diesem „Wort", bis Vers 14 deutlich macht „das Wort wurde Fleisch und wohnte unter uns". An diesem Punkt wird uns klar, dass Wort = Gott = Jesus (Gott kommt als Mensch, um unter uns zu wohnen und uns schlussendlich alle durch Seinen Tod zu retten). Das Wort Gottes ist Jesus selbst, auch wenn dieser Ausdruck „Wort Gottes" für die Gesamtheit der Heiligen Schrift verwendet wird. Also, Gottes Wort ist in der Bibel zu finden und dementsprechend können wir grundsätzlich sagen, dass das Schwert die Bibel ist.[1] In der Praxis heißt das: Wenn Satan uns Lügen erzählt oder uns mit Zweifeln und Angst unterdrücken will, sollen wir antworten, indem wir ihm Wahrheiten aus der Bibel entgegenhalten.

Warum wird hier der Heilige Geist genannt statt Gott oder Jesus? Das hat sicher etwas mit dem Rest der Schriftstelle zu tun, „das Schwert des Geistes, welches das Wort Gottes ist". Ganz besonders im Johannesevangelium führt Jesus aus, was passieren wird, nachdem Er in den Himmel zurückkehrt. Die Jünger würden versucht werden, sich allein gelassen zu fühlen, aber Jesus sagt in Johannes 16,6-7:

> … sondern weil ich euch dies gesagt habe, ist euer Herz voll Traurigkeit. Aber ich sage euch die Wahrheit: Es ist gut für euch, dass ich hingehe; denn wenn ich nicht hingehe, so kommt der Beistand nicht zu euch. Wenn ich aber hingegangen bin, will ich ihn zu euch senden.

Jesus fährt fort, indem Er sie auf die Ankunft eines „Beistands" (der sich bald als der Heilige Geist erweisen wird) und dessen Aufgabe hinweist.

Wir wollen einige dieser Aufgaben näher betrachten.

1. Der Heilige Geist lehrt und ermahnt uns

In Johannes 14,26 sagt Jesus:

> Der Beistand aber, der Heilige Geist, den der Vater senden wird in meinem Namen, der wird euch alles lehren und euch an alles erinnern, was ich euch gesagt habe.

Während Jesus auf der Erde war, lehrte Er Seine Jünger drei Jahre lang. Danach würde der Heilige Geist ihnen helfen, sich an Jesu Worte zu erinnern, und vier Seiner Nachfolger würden schließlich sogar in vier Evangelien aufschreiben, was wir wissen sollten. Obwohl weder Markus noch Lukas Apostel Jesu waren, ist es aufgrund der berichteten Einzelheiten von Augenzeugen offensichtlich, dass sie viele von Jesu Nachfolgern und Zeitzeugen ausführlich befragt haben müssen, ehe sie die Bücher schrieben, die ihre Namen tragen.

Ein anderer Name des Heiligen Geistes ist „Geist der Wahrheit" (Joh 14,17; 15,26; 16,13). Er ist der Geist Gottes und deswegen ist jedes Wort, das Er spricht, die Wahrheit, denn Gott kann niemals und wird niemals lügen.

2. Der Heilige Geist überführt von Sünde

In Johannes 16,8 sagt Jesus:

> Und wenn jener [der Heilige Geist] kommt, wird er die Welt überführen von Sünde und von Gerechtigkeit und von Gericht;

Dieser Vers bezieht sich auf die Aufgabe des Heiligen Geistes uns in drei wichtigen Bereichen unsere Fehler aufzuzeigen.

a) Sünde – Unsere größte Rebellion ist es, dass wir weder glauben, dass Jesus Gott ist, noch dem glauben, was Er über sich gesagt hat. Im Kontext des Johannesevangeliums ist das bessere Wort vielleicht „Vertrauen"; nicht nur ein intellektuelles Zustimmen, sondern eine Selbstverpflichtung auf der Basis dieses Glaubens. Mangel an Vertrauen ist die Wurzel aller Sünde und führt zu all dem sündigen Verhalten, dessen wir uns schuldig machen, während wir versuchen unser Leben selbst in der Hand zu haben.

. . .

b) Gerechtigkeit – In diesem Kontext scheint sich das Wort auf Gottes perfekte Norm zu beziehen. Sobald Jesus diese Welt verlassen hatte, war diese Norm der Gerechtigkeit, die die Jünger bis dahin immer direkt vor sich hatten, verschwunden. Deshalb ist es die Aufgabe des Heiligen Geistes, unseren Blick auf Jesus zu richten und uns zu zeigen, wie weit wir Gottes perfekte Norm verfehlen.

c) Gericht – Der Heilige Geist erinnert uns daran, dass das Gericht unausweichlich ist und dass jeder von uns einmal gerichtet werden wird. Satan ist bereits verurteilt. Demzufolge ist es heillose Torheit uns in diesem Kampf auf seine Seite zu stellen.

3. Der Heilige Geist schenkt übernatürliche Weisheit, wenn sie gebraucht wird

In Lukas 12,11-12 sagt Jesus:

> Wenn sie euch aber vor die Synagogen und vor die Fürsten und Obrigkeiten führen, so sorgt nicht, wie oder womit ihr euch verteidigen oder was ihr sagen sollt; denn der Heilige Geist wird euch in derselben Stunde lehren, was ihr sagen sollt.

Wenn wir uns die Stellen in der Apostelgeschichte anschauen, in denen die Apostel verfolgt wurden (z. B. Petrus und Johannes in Apg 4; Stephanus in Apg 6-7; Paulus in Apg 22 und 24-26), dann wird deutlich, dass der Heilige Geist dafür sorgt, dass wir uns sogar unter ungewöhnlich aufreibenden Umständen an Gottes Wort erinnern und es weitersagen können.

Im 1. Korintherbrief spricht Paulus davon, dass wenn wir das Evangelium anderen Menschen verkünden ...

> ... wir nicht in Worten reden, die von menschlicher Weisheit gelehrt sind, sondern in solchen, die vom Heiligen Geist gelehrt sind ...
>
> (1. Kor. 2,13)

Was für eine Erleichterung ist es doch zu wissen, dass der Heilige Geist mit uns zusammenarbeitet und uns an Gottes eigene Worte erinnert, genau dann, wenn wir sie brauchen. Zum Beispiel, wenn wir Fragen von Nichtchristen beantworten oder mit ihnen über unseren Glauben an Jesus reden, werden wir uns darüber wundern, was wir uns selber sagen hören. Dann erkennen wir, dass das nicht unsere eigene Weisheit war, sondern dass der Heilige Geist uns Passagen der Heiligen Schrift ins Gedächtnis rief, an die wir normalerweise nicht gedacht hätten.

4. Der Heilige Geist als Garant der Gotteskindschaft

Wenn wir Jesus als unserem Erlöser vertrauen, wird uns der Heiligen Geist als ein Zeichen unseres neuen Lebens in Gott geschenkt. Der Heilige Geist ist nicht nur der Beweis dafür, dass wir Gottes Kinder sind, sondern Er ist auch derjenige, durch den wir dieses neue Leben bekommen. In Johannes 3,3 und 3,5-6 zum Beispiel heißt es:

> Wenn jemand nicht von Neuem geboren wird, so kann er das Reich Gottes nicht sehen! ... Wenn jemand nicht aus Wasser und Geist geboren wird, so kann er nicht in das Reich Gottes eingehen! Was aus dem Fleisch geboren ist, das ist Fleisch, und was aus dem Geist geboren ist, das ist Geist.

Und in Römer 8,9 und 8,14-16:

> ... wer aber den Geist des Christus nicht hat, der ist nicht sein ... Denn alle, die durch den Geist Gottes geleitet werden, die sind Söhne Gottes. Denn ihr habt nicht einen Geist der Knechtschaft empfangen, dass ihr euch wiederum fürchten müsstet, sondern ihr habt den Geist der Sohnschaft empfangen ... Der Geist selbst gibt Zeugnis zusammen mit unserem Geist, dass wir Gottes Kinder sind.

Paulus macht sehr deutlich, dass wir, wenn wir Nachfolger Jesu sind, den Heiligen Geist in uns haben. Dieser Geist wird uns immer wieder aufgrund der Zusagen in Gottes Wort daran erinnern, dass wir in der Tat Gottes Kinder sind.

5. Der Heilige Geist leitet uns in der Nachfolge Jesu und bevollmächtigt uns, ein geheiligtes Leben zu führen

Galater 5 liefert uns eine gute Gegenüberstellung von einem Leben in der sündigen Natur und einem Leben, das im Heiligen Geist gelebt wird. Dort steht: „Wandelt im Geist, so werdet ihr die Lust des Fleisches nicht vollbringen." (Gal 5,16). Diese Lüste des Fleisches werden in den Versen 19-21 explizit aufgeführt. Statt in Zwietracht, Eifersucht und Unreinheit etc. zu leben, werden wir, wenn wir im Heiligen Geist wandeln, Jesus immer ähnlicher werden, und dann wird sich auch in unserem Leben folgendes zeigen:

> Liebe, Freude, Friede, Langmut, Freundlichkeit, Güte, Treue, Sanftmut, Selbstbeherrschung.
>
> (V. 22)

Wie finden wir heraus, wie wir im Heiligen Geist wandeln sollen? Der Heilige Geist wird uns überführen, wenn wir von Gottes Weg abkommen, und uns daran erinnern, was Gottes Wille ist. Je genauer wir der Führung des Heiligen Geistes folgen, umso mehr werden wir „verwandelt in dasselbe Bild von Herrlichkeit zu Herrlichkeit, nämlich vom Geist des Herrn" (2. Kor 3,18).

6. Der Heilige Geist schenkt uns Trost und Ermutigung

Paulus musste viel leiden, nachdem er sich entschieden hatte, Jesus nachzufolgen: Schiffbruch, Schläge, Ablehnung von seinen ehemaligen Freunden. In Römer 8,26 schreibt er:

> Ebenso kommt aber auch der Geist unseren Schwachheiten zu Hilfe. Denn wir wissen nicht, was wir beten sollen, wie sich's gebührt; aber der Geist selbst tritt für uns ein mit unaussprechlichen Seufzern.

Es gab schon Zeiten in meinem Leben, wo eine Situation so kompliziert oder eine Lösung so unmöglich schien, dass ich nicht wusste, was ich beten sollte. Es war mir dann ein solcher Trost, meine Unfähigkeit sinnvoll beten zu können, zuzugeben und gleichzeitig zu wissen, dass der Heilige Geist für mich Fürsprache hielt.

Trost und Ermutigung durch den Heiligen Geist bleiben in unserem Leben konstant, weil Er uns immer wieder an Gottes Zusagen erinnert, nämlich daran, wer wir in Christus sind und daran, dass Er uns immer alles geben wird, was wir brauchen (z.B. 1. Tim 6,17), aber auch daran, dass Er uns niemals verlassen wird (z. B. Hebr 13,5-6).

Neben der Passage im Epheserbrief gibt es noch einige andere Stellen, in denen das Bild eines Schwertes im Zusammenhang mit dem Wort Gottes vorkommt.

Offenbarung 1,16; 2,12 und 16

All diese Verse beziehen sich auf die Vision, die Johannes von Jesus hatte. Unter anderem findet sich dieser Satz:

> ... aus seinem [Jesu] Mund ging ein scharfes, zweischneidiges Schwert hervor ...

Das Schwert, das aus Jesu Mund kommt, scheint sich darauf zu beziehen, dass das Wort Gottes wie ein Schwert ist, das Motive unterscheiden kann und Unaufrichtigkeit entlarvt. Das Bild legt nahe, dass ein solches Aufdecken anhand des Maßstabes von Gottes Wort stattfindet. Wer kann im Angesicht eines solchen Maßstabes bestehen?

Hebräer 4,12 sagt:

> Denn das Wort Gottes ist lebendig und wirksam und schärfer als jedes zweischneidige Schwert, und es dringt durch, bis es scheidet sowohl Seele als auch Geist, sowohl Mark als auch Bein, und es ist ein Richter der Gedanken und Gesinnungen des Herzens.

Ein zweischneidiges Schwert kann mit jedem Hieb schneiden (vor und zurück, auf und ab) und das Wort Gottes kann sogar an die Stellen unseres Herzens vordringen, die wir selbst nicht sehen können. Es erkennt unsere Gedanken und Gesinnung und zeigt auf, wie sie wirklich sind, nämlich oft unrein und schäbig im Vergleich zu Gottes Maßstäben. Dieses Schwert hat die Macht mit dem Trio unserer Feinde fertig zu werden: mit der Welt, dem Fleisch und dem Teufel.

Zusammenfassung:

Der Heilige Geist wirkt durch das Wort Gottes (die Bibel) in unseren Herzen, um uns der Sünde zu überführen, um Buße (Umkehr) zu erwirken, um uns zu trösten, zu ermutigen und uns an Gottes Wort zu erinnern. Dadurch werden wir Gläubigen verwandelt und werden Jesus immer ähnlicher.

Ich habe mich entschieden, mich auf das Bild in Epheser 6 zu konzentrieren. Diese Passage ist nicht nur wohlbekannt, sondern auch voller anschaulicher Bilder, die man sich leicht merken kann. Die Stelle sagt ganz klar, dass unser Feind der Teufel mit seinen Dienern ist. Daraus könnten wir leicht schließen, dass das der einzige Feind ist, dem wir uns gegenübersehen. Als unsere Feinde können jedoch zusammengefasst werden: die Welt, das Fleisch und der Teufel (Eph 2,1 und 2 setzt diese drei in Verbindung).

Die „Welt" ist ein Begriff, der benutzt wird, um das zu beschreiben, was sich gegen Gott und Seine Gebote auflehnt und was uns in Versuchung bringt, uns dieser Rebellion anzuschließen. Das könnte Religion einschließen (Erlösung aus eigener Kraft zu erlangen) oder all das, was uns dazu bringt, die Augen vor der Wahrheit zu verschließen bzw. all das, womit wir versuchen Gott zu ersetzen (z. B. Erfolg, Beziehungen etc.).

Das „Fleisch" (heutzutage oft mit „betrügerische Begierden" - Eph 4,22-24 - oder „Unzucht, Unreinheit, Leidenschaft, böse Lust und Habsucht" - Kol 3,5 - übersetzt) ist ein altmodischer Begriff, aber einer, der immer noch hilfreich ist. Dieser Teil von uns ist es, der geneigt ist, sich gegen Gott aufzulehnen. Als Adam und Eva sich dazu entschieden, ihre Freiheit zu missbrauchen und auf die Schlange zu hören (1. Mose 3), haben sie einen mächtigen Feind von der Leine gelassen und bis zum heutigen Tag wird jeder von uns mit der Veranlagung zu sündigen geboren.

Jakobus 4,1-2 erklärt:

> Woher kommen die Kämpfe und die Streitigkeiten unter euch?
> Kommen sie nicht von den Lüsten, die in euren Gliedern streiten?

> Ihr seid begehrlich und habt es nicht, ihr mordet und neidet und könnt es doch nicht erlangen; ihr streitet und kämpft, doch ihr habt es nicht, weil ihr nicht bittet.

Wir werden immer versucht sein, Satan als den einzigen Feind zu sehen, und in gewisser Hinsicht stimmt es auch, dass er letztendlich hinter aller Sünde steckt. Er ist derjenige, der zu Anfang gegen Gott rebellierte. Er ist derjenige, der uns versucht und der die Welt so manipuliert, dass sie eine Versuchung für uns darstellt. Dadurch wird jedoch die enorme Verantwortung, die die Bibel uns auferlegt, verharmlost. Wenn wir Satan die Schuld geben für all unsere falschen Gedanken, Worte und Taten, dann gestehen wir ihm zu viel Einfluss zu. Gleichzeitig spielen wir unsere eigene Verantwortung herunter. Ja, Satan mag uns wohl durch die Welt in Versuchung führen und unsere sündige Natur ausnutzen, aber für die Entscheidung zu sündigen sind immer wir selbst verantwortlich.

Erst wenn wir von neuem geboren werden, indem wir Jesu Tod und Auferstehung für uns annehmen, sind wir in der Lage „Nein" zu Satan, der Welt und unserer sündigen Natur zu sagen. Und dennoch entscheiden wir uns allzu oft dagegen, die Hilfsmittel, zu gebrauchen, die Gott uns anbietet und fahren fort das Falsche zu tun.

Das „Schwert des Geistes" führt Krieg gegen all diese Feinde. Warum entschied Paulus sich, Satan (und seine Diener) in dieser Bibelstelle als Feinde zu benennen? Vielleicht weil die Metaphorik eine so deutliche ist. Es ist viel einfacher für uns, uns einen Feind mit einer Persönlichkeit vorzustellen als vage Konzepte wie „die Welt" oder „das Fleisch".

Ich habe viele Predigten über die Waffenrüstung Gottes gehört, aber trotzdem blieb die Metapher sehr abstrakt für mich. Erst mit Mitte zwanzig begann ich, diese Metapher praktisch für mich umzusetzen. Das nächste Kapitel wird sich diesen praktischen Aspekten widmen.

Fragen zur Reflexion:

1. Welche Hauptaussagen werden über unser Schwert getroffen?

2. Welche Aspekte der Funktion des Heiligen Geistes sind neu für dich? Welche Aspekte vernachlässigst du manchmal?

3. Über welche Teile dieses Kapitels musst du noch genauer nachdenken?

Gebetsvorschläge:

1. Schlage Psalm 119 auf und bete dich langsam durch die Verse über die Kostbarkeit von Gottes Wort! Dies ist ein langer Psalm, es mag einige Tage dauern bis du ihn „durchgebetet" hast.

2. Nimm dir Zeit, um über Hebräer 4,12 zu meditieren! Verwandle deine Erkenntnisse in ein Gebet!

3. Bitte Gott darum dir zu zeigen, wie du das Schwert in deinem Alltag anwenden kannst!

---

1. Gottes „Wort" in der Heiligen Schrift bezieht sich nicht nur auf das „geschriebene Wort - die Bibel" und das „lebendige Wort - Jesus", sondern auch auf Seine „Botschaft - das Evangelium" (z. B. im Gleichnis vom Sämann in Mk 4).

KAPITEL 4

UNSER SCHWERT IM ALLTAG BENUTZEN

Obwohl ich regelmäßig Predigten über die Waffenrüstung Gottes gehört habe, konnte ich nichts rechtes damit anfangen. Ich verstand nicht, wie ich diese Lehre in meinem Alltag umsetzen sollte. Wie soll man denn überhaupt eine Rüstung anlegen, die geistlich ist?

Als Physiotherapeutin begann ich schließlich, Schwertkampf von einem körperlichen Aspekt her zu betrachten, und fing an über Dinge wie Muskeln und Fitness nachzudenken.

Stellen wir uns vor, wir würden im Mittelalter leben, zur Zeit der Ritter und deren Schlachten zu Fuß und mit Pferden. Die Menschen damals sind nicht ohne jegliches Training in eine 10-stündige Schlacht gezogen. Nein: Sie übten täglich, damit sie in dem Moment, in dem sie ihr Schwert einsetzen mussten, die nötige Kraft hatten, es den ganzen Tag zu halten (Schwerter wiegen eine Menge!). Die entsprechenden Muskeln mussten durch kontinuierliches, gezieltes Training aufgebaut werden.

Für jede Sportart benötigt man mindestens sechs bis acht Wochen, um darin einigermaßen fit zu sein. Warum sollte es beim Schwertkampf anders sein?

Untrainierte Schwertkämpfer können sich selbst und ihre Freunde genauso gefährden, wie sie für den Feind gefährlich werden sollten. Ebenso können wir, wenn wir lernen wollen Satan zu widerstehen, nicht damit rechnen, nach einem Tag topfit zu sein. Wir müssen täglich üben und unsere geistliche Fitness trainieren, damit wir fit sind, wenn die Schlacht beginnt.

Teste deine Schwertkampf-Fitness

In Seminaren stelle ich manchmal folgende Fragen:

- Was ist deine erste Reaktion, wenn der Gedanke „Du bist zu nichts nütze" in deinem Kopf auftaucht?
- Wenn du dich nicht traust, einem Freund von deinem Glauben zu erzählen, welche Gedanken tauchen in deinem Kopf auf und was tust du dagegen?
- Wie lange brauchst du, um mit diesen Lügen fertig zu werden, wenn sie in deinem Kopf auftauchen?

Wenn ich Seminarteilnehmern solche Fragen stelle, dann folgt oft eine lange Stille. Danach kommen langsam Antworten. Wenn wir in der Schlacht so langsam reagieren würden, wären wir längst tot.

Der Kampf um unseren Geist entscheidet sich innerhalb der ersten Sekunden, nicht innerhalb Minuten. Wenn ein Gedanke oder eine Versuchung in unserem Kopf auftaucht und wir diesen nicht sofort mit den passenden Versen oder Prinzipien der Heiligen Schrift korrigieren können, dann sind wir geistlich kraftlos.

Der geistliche Kampf ist ein Kampf um unseren Geist. Wir müssen die Schlacht um unseren Verstand gewinnen, sonst können unsere Gedanken allzu leicht zu Worten und Taten werden. Wie Jesus in Markus 7,20-23 sagt:

> Was aus dem Menschen herauskommt, das verunreinigt den Menschen. Denn von innen, aus dem Herzen des Menschen, kommen die bösen Gedanken hervor, Ehebruch, Unzucht, Mord, Diebstahl, Geiz, Bosheit, Betrug, Zügellosigkeit, Neid, Lästerung, Hochmut, Unvernunft. All dieses Böse kommt von innen heraus und verunreinigt den Menschen.

Wenn Menschen befragt werden, die eine Affäre hatten, lassen sich oft Ähnlichkeiten in deren Geschichten erkennen. Viele berichten, dass die Affäre das Resultat vieler kleiner Schritte war; sie ließen in ihrer Vorstellung Dinge zu, die alles andere als gut für sie waren. Diese Gedanken wurden dann weiter gefüttert, bis sie schließlich zu Taten wurden.

Unser Ziel muss es sein, den Kampf um unseren Verstand zu gewinnen, damit aus unguten Gedanken niemals Taten werden. Paulus gebraucht die Symbolik der Kriegsführung auch in 2. Korinther 10,3-5 (Hervorhebung durch die Autorin):

> Denn obgleich wir im Fleisch wandeln, so kämpfen wir doch nicht nach Art des Fleisches; denn die Waffen unseres Kampfes sind nicht fleischlich, sondern mächtig durch Gott zur Zerstörung von Festungen, sodass wir Vernunftschlüsse zerstören und jede Höhe, die sich gegen die Erkenntnis Gottes erhebt, und *jeden Gedanken gefangen nehmen* zum Gehorsam gegen Christus.

Die Durchführung von „jeden Gedanken gefangen zu nehmen" ist das, was den geistlichen Schwertkampf ausmacht. Jeden Gedanken gefangen nehmen und Argumente und Vorwände zerstören ist nichts für Faule oder Schwache. Es erfordert eine Menge Mühe und Geschick. Wir müssen das üben. Wir müssen lernen, falsche Gedanken, Argumente und Vorwände zu erkennen. Wir müssen den

Maßstab der Wahrheit (die Bibel) im Detail kennen und in der Lage sein, uns diese Wahrheiten schnell ins Gedächtnis zu rufen, um Lügen entlarven zu können. Danach müssen wir rigoros und effektiv die Wahrheiten aus der Bibel anwenden, um unsere Gedanken gefangen zu nehmen und sie nicht in die Tat umzusetzen, damit sie in unserem Leben keinen Schaden anrichten. Wir wollen keine Situation erleben, wie die des großen Feuers, das im 16. Jahrhundert London verwüstete. Es begann in einer kleinen Bäckerei und erfasste dann ganz schnell eine Reihe Holzhäuser nach der anderen. Wenn das Feuer unwahrer Gedanken in unserem Leben nicht unmittelbar unter Kontrolle gebracht wird, breitet es sich aus und wird rasant größer.

Jesus als unser Vorbild

Das beste biblische Beispiel für einen Schwertkampf findet sich in Lukas 4. Jesus ist kurz davor Seinen öffentlichen Dienst zu beginnen, wird aber zunächst vom Heiligen Geist in die Wüste geführt, wo Er vierzig Tage lang vom Teufel versucht wird. Während dieser vierzig Tage fastet Jesus. Satan wartet, bis Jesus völlig erschöpft ist, bevor er kommt, um Ihn zu versuchen.

Satan setzt alle seine Waffen ein, einschließlich Zweifel, Lüge und Täuschung. Dreimal antwortet Jesus ohne zu zögern mit der Heiligen Schrift. Jede dieser Antworten trifft den Kern der Versuchung und legt den darunterliegenden Hinterhalt frei, der Jesus zu Fall bringen sollte.

In der ersten Versuchung zum Beispiel schlägt Satan vor, Jesus solle Seine Macht dazu gebrauchen, um Steine in Brot zu verwandeln. Jesus erkennt, dass Er nicht nur darin versucht wird, Nahrung gegen Hunger zu beschaffen. Satan geht es in Wirklichkeit darum, dass Jesus nicht länger Gott für Seine Versorgung vertraut, sondern sich stattdessen auf sich selber verlässt. Daher lautet Jesu Antwort aus 5. Mose 8,3:

> ... dass der Mensch nicht vom Brot allein lebt, sondern dass er von all dem lebt, was aus dem Mund des Herrn hervorgeht.

Diese Stelle bezieht sich auf Gottes Versorgung mit Manna in der Wüste. Gott gab den Israeliten genaue Anweisungen, wie das Manna zu sammeln war. Wenn sie gierig waren und zu viel sammelten, dann verdarb das Überschüssige. Wenn sie aber vor dem Sabbat, dem Ruhetag, das Doppelte sammelten, dann hielt Gott es auf wunderbare Weise frisch und es wurde nicht schlecht (2. Mose 16). Die Israeliten mussten lernen, auf Gott zu vertrauen, obwohl das jeglicher Logik widersprach. Jesus verwendet diesen Text, um gegen Satan zu kämpfen, und macht damit deutlich, dass auch Er sich auf Gott verlassen wird und Seine Macht nicht dazu gebrauchen wird, um sich selbst zu versorgen.

Satan macht weiter und verspricht Jesus alle Macht über die Königreiche der Erde, wenn Er ihn anbeten würde. Jesus hätte antworten können: „Niemals, diese Königreiche gehören Gott", aber stattdessen zitiert Jesus aus 5. Mose 6,13 („Du sollst den Herrn, deinen Gott, anbeten und ihm allein dienen.").

Bei der letzten Versuchung schlägt Satan vor, dass Jesus von der Zinne des Tempels springen solle und Ihm würde nichts passieren, weil Gott Seine Engel schicken würde, um Ihn zu beschützen. Hier gibt sich Satan als Engel des Lichts aus, indem er Psalm 91,11-12 zitiert:

> Denn er wird seinen Engeln deinetwegen Befehl geben, dass sie dich behüten auf allen deinen Wegen. Auf den Händen werden sie dich tragen, damit du deinen Fuß nicht an einen Stein stößt.

Satans Zitat ist korrekt, aber die Täuschung entsteht, weil er es aus dem Kontext reißt. Er lässt es so klingen, als würde Gott uns unter allen Umständen vor Bösem bewahren. Wenn man aber die Stelle im

Kontext liest, wird klar, dass dieses Versprechen an eine Bedingung geknüpft ist. Die Verse 9 und 10, die direkt vor der von Satan zitierten Stelle stehen, lauten:

> Denn du sprichst: Der Herr ist meine Zuversicht! Den Höchsten hast du zu deiner Zuflucht gemacht; kein Unglück wird dir zustoßen und keine Plage zu deinem Zelt sich nahen.

Der Psalm sagt aus, dass Gott nur die beschützen wird, die sich auf Ihn verlassen, aber Satan sagt: „Vertraue mir und nicht Gott." Es gibt keine Garantie für Gottes Schutz für diejenigen, die sich auf etwas anderes als auf Ihn verlassen.

Jesus ist Gott selbst und hätte deswegen Satan alles Mögliche antworten können, denn Seine Worte haben eine Autorität, die unsere niemals haben werden. Aber die Tatsache, dass Er sich entscheidet, mit der Heiligen Schrift zu antworten, gibt uns das ultimative Beispiel dafür, wie wir Versuchungen widerstehen müssen.

Geistlich fit werden

Wir müssen jeden Gedanken gefangen nehmen, indem wir jeder falschen Ansicht unseres Verstandes mit der Heiligen Schrift antworten. Wie aber kommen wir zu dieser geistlichen Fitness, die genau dies in der Millisekunde tut, in der wir es brauchen?

Ich habe festgestellt, dass es am besten ist, dies in gewisser Weise mechanisch anzugehen. Wenn du jemals eine Dokumentation „hinter den Kulissen" eines Films gesehen hast, in dem Schwertkampf vorkommt, dann wird dir das Vorgehen geläufig sein. Diese wunderbaren Schwertkämpfe in einem Film sind so sorgfältig choreographiert wie ein Tanz. Jeder einzelne Schlag wird geübt, bis er schnell und flüssig kommt. Dann wird er mit dem nächsten Schlag kombiniert, bis die ganze Abfolge so selbstverständlich wird wie das Atmen.

Schauspieler berichten, wie viel harte Arbeit das ist und wie lange es dauert, bis man fit und geschickt genug ist, um den Schwertkampf wunderschön echt aussehen zu lassen. Er sieht aber nicht nur echt aus, sondern wäre definitiv tödlich, wenn sie ein echtes Schwert in einem echten Kampf einsetzen würden.

Ich zeige hier die mechanischen Schritte auf, die ich gegangen bin. Sie werden in der Bibel nicht erwähnt, also achte darauf, kein Schema daraus zu machen. Diese Schritte sind nicht als Ersatz dafür gedacht Jesus besser kennenzulernen, sondern sollen uns helfen Seine Worte zu verinnerlichen. Sie sind der Versuch, ein abstraktes Konzept in praktische Handlungsschritte umzusetzen.

1. Identifiziere das Problem

Was ist dein Hauptproblem? Ist es Zorn, Angst, Sorge oder etwas anderes?

Versuche, unter die Oberfläche zu gehen. Warum sorge ich mich so schnell? Was sagt das darüber aus, wie ich an Gott glaube?

2. Identifiziere die Bibelverse oder -geschichten, die dieses Problem angehen

Denke darüber nach, welche Verse und biblische Prinzipien sich auf dein konkretes Problem beziehen und schreibe sie auf. Solltest du Hilfe brauchen, frage vielleicht einen Freund oder deinen Pastor oder mach dich im Internet auf die Suche.

3. Widme dich der Heiligen Schrift ein- bis zweimal täglich

Lies die Verse morgens und abends oder lerne sie auswendig und denke über sie nach. Morgens und abends sind die besten Zeitpunkte dafür, weil wir so als Erstes und als Letztes am Tag über Gottes Wort meditieren.

Mache jede dieser Meditationen und gelernten Lektionen zu einem Dankgebet und Lobpreis für Gott. Ganz bewusst Gott für Seine Wahrheiten zu danken, ist unser erster Glaubensschritt und hilft uns, diese Wahrheiten fest in unserem Leben zu verankern.

J. I. Packer schrieb: „Ich nenne dir den Grundsatz, um deine Kenntnisse über Gott in dein Kennen von Gott zu verändern. Das ist einfach, aber sehr anspruchsvoll. Jede neue Wahrheit, die ich über Gott lerne, nehme ich zum Anlass, um darüber vor Gott zu meditieren, und dann wandle ich sie um in Gebet und Lob Gottes."[1] Folge diesem Grundsatz so lange, bis dir die Verse automatisch in den Kopf kommen, wenn Satan dir ungute Gedanken und Versuchungen schickt. Ich veranschlage für so etwas normalerweise sechs bis acht Wochen, denn so lange dauert es, bis man körperlich fit ist. Durch ständiges Wiederholen scheint sich Gottes Wort von unserem Kopf (d. h. von der Theorie) in unser Herz zu bewegen (d. h. zu etwas zu werden, das wir wirklich glauben).

Unser Ziel ist es, in dem Augenblick, in dem ein unbiblischer Gedanke in uns hochkommt, ganz automatisch mit der entsprechenden Bibelstelle zu antworten.

Fragen zur Reflexion:

1. Welchen Problemen siehst du dich konkret ausgesetzt? Gibt es Situationen, in denen du immer wieder der Versuchung nachgibst?

2. Welche Lösungen hast du versucht? An welche Grenzen bist du mit diesen Methoden gestoßen? Woran mag das liegen?

3. Wie geistlich fit bist du darin, jeden Gedanken gefangen zu nehmen?

4. Nimm dir ein Problem vor und gehe es mit den folgenden zwei Schritten an: Identifiziere es zunächst und wende dann die passenden Verse oder Geschichten aus der Bibel darauf an.

5. Glaubst du, dass dein Problem eine Sünde ist? Warum (oder warum nicht)?

Gebetsvorschläge:

1. Tue Buße für die Situationen, in denen du der Versuchung nachgegeben hast, indem du dich daran erinnerst, dass Gott den Preis für deine Sünde bezahlt hat und auch versprochen hat, dir zu vergeben! Betrachte hierzu Psalm 103,8-12.

2. Bitte Gott darum, dich an Verse oder Geschichten zu erinnern, die dich in deinem Problem direkt ansprechen!

3. Bitte Gott um Hilfe dabei, Jesus ähnlicher zu werden, und danke Ihm dafür, dass das möglich ist!

---

1. J. I. Packer, *Knowing God* (Leicester: IVP, 1993), 20.

TEIL B: KONKRETE PROBLEME

Die zweite Hälfte dieses Buches widmet sich gezielt verschiedenen Problemen, die jeden Christen betreffen. Jedes Kapitel beinhaltet Geschichten von Menschen, die mit einem bestimmten Problem gekämpft haben, und bietet einige Verse und biblische Prinzipien, die dabei helfen sollen, das Problem anzugehen. Hoffentlich fallen dir dabei noch andere Verse oder Prinzipien ein, die besser zu deiner persönlichen Situation passen.

Das Ziel dieses Buches ist es nicht, jedes mögliche Problem zu betrachten. Stattdessen habe ich einige der häufigsten ausgewählt. Dieser Teil des Buches ist besser zum Nachschlagen geeignet als dazu, es einfach durchzulesen, weil es bei manchen Themen zu Überschneidungen kommt.

KAPITEL 5

ZORN

URSPRÜNGLICH BEFAND sich dieses Kapitel des Buches viel weiter hinten, aber der Kommentar eines Pastors hat mich dazu gebracht, die Reihenfolge zu ändern. Er sagte, von den in der Kirche erhältlichen Broschüren, würde die über Zorn am häufigsten ausgeliehen.

Robert Jones schreibt:

> Zorn ist ein universelles Problem, in jeder Kultur vorhanden, von jeder Generation erlebt. Niemand kommt an seiner Existenz vorbei oder ist immun gegen sein Gift. Zorn verbreitet sich in jedem Menschen und verdirbt unsere intimsten Beziehungen. Er ist ein untrennbarer Teil unserer gefallenen Natur ... Leider gilt das sogar für unsere christlichen Familien und Kirchen.[1]

Allzu oft kocht unser Zorn hoch, ohne dass uns die Ursache so richtig bewusst ist. Manch ein Leser mag sich fragen: Wenn Zorn falsch ist, warum wird dann in der Bibel so oft erwähnt, dass Gott zornig ist? Sein Zorn richtete sich oft gegen das Volk Israel (2. Mose 32,9 ff.; 4. Mose 11,1-3; 4. Mose 12). Jesus wurde auch zornig, zum Beispiel bei der Tempelreinigung (Lk 19,45-48). Wenn wir den Kontext betrachten, wird deutlich, dass Zorn nicht notwendigerweise eine Sünde darstellt. Es gibt Fälle, in denen Zorn rechtschaffen ist. Wie also finden wir heraus, ob unser Zorn rechtschaffen ist?

Rechtschaffenen Zorn erkennen

Es ist schwer, nicht zornig zu werden, wenn das Böse gedeiht und das Gute leidet. Rechtschaffener Zorn hat mit Gottes Ehre zu tun. Zum Beispiel ist Gott bei dem Zwischenfall mit dem Goldenen Kalb zornig (so wie Mose auch; 2. Mose 39). Denn die Israeliten beten nicht nur einen anderen Gott an, sondern machen auch deutlich, dass der Gott, der sie aus Ägypten geführt hat, durch ein lebloses Objekt ersetzt werden kann. Welch eine Beleidigung für Gott!

Gott wird oft zornig über Götzendienst (5. Mose 32,16 ist ein Beispiel von vielen), weil dieser Ihn nicht nur beleidigt, sondern auch völlig sinnlos ist. Die Israeliten mussten ins Exil, weil sie Gott wiederholt abgelehnt hatten, trotz aller Beweise Seiner Existenz und Güte. Und weil sie Gott ablehnten, verfiel ihre Gesellschaft dem Bösen und der Ungerechtigkeit.

2. Könige 17,16-17 beschreibt das so:

> Und sie verließen alle Gebote des Herrn, ihres Gottes, und machten sich Bilder ... und beteten das ganze Heer des Himmels an ... Und sie ließen ihre Söhne und ihre Töchter durchs Feuer gehen und trieben Wahrsagerei und Zauberei und verkauften sich, zu tun, was böse ist in den Augen des Herrn, um ihn zu erzürnen.

Gottes Zorn auf Böses und Ungerechtigkeit sollte uns ein Trost sein. Er sorgt sich sehr über all das Böse und die Ungerechtigkeit in der Welt und Er sieht nicht tatenlos zu. Wir müssen uns nicht rächen und werden in Römer 12,19 ff. sogar davor gewarnt, weil Gott Seine eigene Gerechtigkeit zu Seiner eigenen, perfekten Zeit durchsetzen wird. Wenn wir versuchen die Dinge selbst in die Hand zu nehmen, laufen wir fast unweigerlich Gefahr zu sündigen.

Gott wird außerdem zornig, wenn Menschen sich hartnäckig weigern darauf zu vertrauen, dass Er nur ihr Bestes im Sinn hat. Bei der Begegnung am brennenden Dornbusch wurde Gott letztendlich zornig, denn Mose kam mit einer Ausrede nach der anderen an, weil er nicht der Anführer sein wollte, für den Gott ihn ausersehen hatte. Anstatt Gott zu vertrauen, war Mose völlig auf sich selbst fokussiert (2. Mose 3, 4 und besonders 4,14).

Gottes Zorn soll dazu dienen uns zur Buße und Umkehr zu führen.

Unsere Motive

Wir alle neigen dazu zu glauben, dass unser Zorn meistens gerechtfertigt ist, aber selbst dann, wenn wir wohl begründet in Zorn geraten, sind unsere Motive oft verkehrt. Oft ist unser Zorn eine zornige Frustration und entsteht dann, wenn die Dinge nicht so laufen, wie wir uns das wünschen.

Das war auch bei Mose der Fall. In den frühen Jahren seines Dienstes lag ihm die Ehre Gottes am Herzen, aber später in seinem Leben war er auch unrechtmäßig zornig - aus Frustration. Gott weist ihn an, zum Felsen zu sprechen, damit Wasser daraus hervorquellen sollte, um den Durst der Israeliten zu stillen (4. Mose 20). Moses Frust lässt ihn vergessen, sich auf die Ehre Gottes auszurichten. Anstatt zu dem Felsen zu sprechen, wird er zornig, macht eine theatralische Szene daraus und schlägt ihn. Gott sieht Mose ins Herz und sagt:

> Weil ihr mir nicht geglaubt habt, um mich vor den Kindern Israels zu heiligen, sollt ihr diese Gemeinde nicht in das Land bringen, das ich ihnen gegeben habe!

(4. Mose 20,12)

Wenn in uns der Zorn hochkocht oder uns Magenschmerzen verursacht, dann lohnt es sich, einen Schritt zurück zu treten und zu überlegen, warum wir zornig sind. Viel zu oft sind unsere Motive alles andere als schön.

Leider bekommen viele Kinder den Zorn ihrer Eltern als erste Reaktion auf Frust vorgelebt. Wenn ihnen kein anderes Modell zum Umgang mit Frust vorgelebt wird, werden sie das Vorbild ihrer Eltern übernehmen.

Nimmt der Zorn in unserer Gesellschaft Überhand?

Das Internet scheint vielen Leuten eine Möglichkeit gegeben zu haben über Dinge zu schimpfen, die ihnen zustoßen, und leider gibt es dort genügend andere, die dich wissen lassen, dass du mit deinem Problem nicht alleine bist. Es macht mich traurig zu beobachten, dass in manchen Kreisen eine gewisse Selbstzentriertheit und ein Anspruchsdenken wachsen, die den Zorn immer wieder neu anfachen.

Es kann sein, dass man anfangs mit gerechtfertigtem Zorn auf Ungerechtigkeit reagiert, dann jedoch schnell dazu übergeht, seinen Zorn zu verallgemeinern und auf andere Probleme oder andere Menschen zu richten, die mit der ursprünglichen Ungerechtigkeit gar nichts zu tun haben.

Vor vielen Jahren bekam ich einen Brief von einer älteren Freundin, mit der ich immer ein sehr gutes Verhältnis hatte. Der Brief jedoch klang, als käme er von einer Fremden. Darin beschuldigte sie mich heftig der Undankbarkeit und anderer Dinge, die einfach nicht stimmten. Ich war am Boden zerstört. Dieser Brief hätte leicht das Ende unserer langen Freundschaft bedeuten können, aber zum Glück hatte ich zu dem Zeitpunkt schon etwas über den Schwertkampf gelernt.

Meine neuen Schwertkampf-Fähigkeiten halfen mir, diese Verletzung zu verarbeiten. Mir wurde schnell klar, dass meine Freundin offenbar die Dankeskarte nicht gefunden hatte, die ich bei ihr hinterlassen hatte. Die vermeintliche Erkenntnis, dass ich mich bei ihr für ihre Gastfreundschaft nicht bedankt hatte, brachte all ihre Verbitterung und Frustration mit der jüngeren Generation zutage. Anstatt beim Thema zu bleiben, erlaubte sie sich selber, all diejenigen anzugreifen, die sie als undankbar betrachtete. Ich bekam Jahre an Frustration in einem einzigen Sturzbach der Wut ab.

Viele von uns haben ähnliche Auslöser (Trigger). Für mich ist es der Satz „Alle Religionen sind gleich". Ich habe das schon hundert Mal gehört, als ich anderen die Frohe Botschaft erzähle. Es macht mich wahnsinnig, weil es nicht nur eine falsche Aussage ist, sondern auch eine Beleidigung Jesu und Seines Opfers, das Er am Kreuz erbracht hat. Ich muss dann aufpassen, dass ich meinem Gesprächspartner so antworte, als sei er der Erste, der das jemals zu mir gesagt hat und nicht der Hundertste. Ich muss tief einatmen und gnädig sein. Es hat keinen Sinn wütend auf jemanden zu sein, der blind ist oder „tot durch Übertretungen und Sünden" (Eph 2,1). Eine „Leiche" anzuschreien wird sie nicht von den Toten auferstehen lassen. Wenn du deinen nichtchristlichen Freund an schreist, wirst du dich selber vermutlich um jegliche weitere Gelegenheiten bringen, mit ihm über Jesus zu sprechen.

Bei meiner älteren Freundin war mir klar, dass ich die Wahl hatte die Freundschaft zu beenden (die einfachere Option) oder die Sache durchzustehen und gnädig zu reagieren. Ich bin unendlich dankbar, dass ich mich für Letzteres entschieden und nicht ihrem Verhalten entsprechend reagiert habe.

Leider rührt ein großer Teil des Zorns in unseren Beziehungen daher, dass wir nicht das bekommen, was wir wollen. Wir können zornig werden, um unseren Frust auszudrücken oder, schlimmer noch, um andere dazu zu bringen, das zu tun, was wir wollen. In Markus 7,14-21 ermahnt Jesus uns, dass unsere zornigen Worte aus einem zornigen Herzen kommen, also müssen wir in unserem Herzen nach den Gründen unseres Zorns suchen.[2] Die alte Regel, nach der wir langsam bis zehn zählen sollen, bevor wir reagieren, kann zwar eine

Zeitlang helfen, aber sie wird unser Herz nicht verändern. Das kann nur Gott durch Sein Wort. Leider schiebt denen, die zum Zorn neigen, kaum jemand einen Riegel vor ihre selbstsüchtigen Verhaltensweisen, aus Angst, sie damit zu konfrontieren und ihren Zorn aufs neue zu erregen. Damit unterstützen und verstärken wir letzten Endes ihre Neigung.

Wozu der Zorn führt

Statistiken über Gefängnisaufenthalte, Scheidungen und häusliche Gewalt zeigen den gewaltigen Schaden, den Zorn anrichtet.

Abgesehen von offensichtlichen Auswirkungen auf unsere Gesundheit, wie erhöhter Blutdruck, Herzinfarkt, Schlaganfall und viele andere mögliche Folgen von Stress, kann unser Zorn auch dahin führen, dass Menschen Jesus unseres Verhaltens wegen ablehnen.

Eine taiwanesische Freundin von mir kannte nur eine Christin, bevor sie mich kennenlernte. Eines Tages saß ich neben ihr, als sie einen Anruf von dieser christlichen Freundin bekam. Ich war entsetzt darüber, den Zorn der Christin durch das Telefon mitzubekommen. Letztendlich legte die nichtgläubige Dame (die während des Telefonats unglaublich gut reagiert hatte) einfach auf. Sie sah meinen Gesichtsausdruck und sagte: „Sie ist schon seit zwanzig Jahren so, seit ich sie kenne. Sie sagt, sie sei Christin, aber ich kann nichts davon erkennen."

Ihre gläubige Freundin war für diese Frau ein riesiger Stolperstein auf ihrem Weg zu einer Beziehung mit Jesus. Gott sei Dank habe ich vor Kurzem gehört, dass Gott diese zornige Frau verändert hat. Ich hoffe eines Tages zu erfahren, wie es dazu gekommen ist. Bringt unser Zorn Gott Unehre, sodass Nichtchristen Jesus ablehnen - unseretwegen?

Wie viel der Kriminalität in den Nachrichten ist eine Folge von Zorn? Mord, Vergewaltigung, Schlägereien, Kriege und andere Ungerechtigkeiten. Eine Zeitlang habe ich in einer Kleinstadt gewohnt und an einem Samstagmorgen, als auf dem Wochenmarkt am meisten los war, griff ein Standbesitzer einen anderen mit einem Messer an. Es stellte sich heraus, was nicht überrascht, dass die beiden sich schon seit zwanzig Jahren Wortgefechte lieferten. Der eine Mann hatte dem anderen Verkäufer nie vergeben und es zugelassen, dass aus seinem Zorn Bitterkeit wurde und diese die ganze Beziehung vergiftete. Letztendlich führte das zum grausamsten Ausdruck des Zorns - dem Tod durch mehrere Stichwunden und zwei zerstörte Familien.

Man kann dieses Beispiel einfach nicht ernst nehmen und gleichzeitig glauben, dass Zorn nur in den Herzen derjenigen wohnt, die nicht zur Gemeinde Jesu gehören, denn leider richtet er auch innerhalb der Gemeinde sehr viel Schaden an.

Wenn wir uns einmal unsere Beziehungen auf der Arbeit, in der Gemeinde und zu Hause ganz genau anschauen würden, dann wären wir entsetzt über den Riesenschaden, den Zorn anrichtet.

Zwei Freunde von mir waren seit dreißig Jahren verheiratet. Sie arbeiteten hart daran, ihre Ehe zu verbessern, aber sie hatten ein Problem. Jedes Mal, wenn sie ihre Ehe gestärkt hatten und wirklichen Fortschritt sahen, machten sie alles wieder kaputt, weil sie vor Zorn explodierten. Innerhalb weniger Sekunden waren beide tief verletzt und wieder zurückgeworfen an den Punkt, an dem sie begonnen hatten. Ihnen wurde klar, dass sie dieses Problem „Zorn" lösen mussten. Deshalb galt es die Ursache ihres Zorns herauszufinden, denn er schadete ihrer Ehe und bewirkte, dass sich beide als Versager fühlten.

Unser Schwert benutzen

Zum Glück müssen wir nicht alleine kämpfen! Die Bibel enthält viele Weisheiten, die uns helfen können, dieses zerstörerische Problem anzugehen.

Ich beginne mit einem Vers, der mir in diesem Bereich eine große Hilfe war, besonders dann, wenn ich geneigt war, auf Regierungsbeamte wütend zu sein oder frustriert über nicht enden wollende Ausschusssitzungen.

Sprüche 15,1

> Eine sanfte Antwort wendet den Grimm ab, ein verletzendes Wort aber reizt zum Zorn.

Hier werden wir daran erinnert, dass wir Öl ins Feuer gießen, wenn wir wütend werden. Die ganze Situation wird dann schnell explosiv. Wenn wir uns aber entscheiden, sanftmütig zu antworten (unser Tonfall ist oft viel wichtiger als unsere Worte), ist es, als ob wir das Feuer mit Wasser löschen. Die ganze Situation beginnt sich zu entspannen.

Folgende Verse enthalten Warnungen und Ratschläge.

Sprüche 10,19

> Wo viele Worte sind, da geht es ohne Sünde nicht ab; wer aber seine Lippen im Zaum hält, der ist klug.[3]

Und Jakobus 1,19-20;26

> ... Jeder Mensch sei schnell zum Hören, langsam zum Reden, langsam zum Zorn; denn der Zorn des Mannes vollbringt nicht Gottes Gerechtigkeit! ... Wenn jemand unter euch meint, fromm zu sein, seine Zunge aber nicht im Zaum hält, sondern sein Herz betrügt, dessen Frömmigkeit ist wertlos.

Je mehr Worte fallen, desto wahrscheinlicher ist es, dass wir etwas sagen, was wir später bereuen. Wenn wir lernen uns zurückzuhalten, zuzuhören und nachzudenken, kann uns das vor Missverständnissen bewahren und viele Situationen vermeiden helfen, in denen wir ansonsten vorgestürmt und im Zorn explodiert wären.

1. Petrus 2,23

> Als er [Jesus] geschmäht wurde, schmähte er nicht wieder, als er litt, drohte er nicht, sondern übergab es dem, der gerecht richtet.

Jesus antwortete nicht im Zorn, selbst als Er zu Unrecht beschuldigt wurde. Ihm, der niemals sündigte oder falsche Motive hatte, wurden Betrug und andere Verbrechen vorgeworfen, von Leuten, denen jedes Mittel recht war, um Ihn kreuzigen zu können (Lk 23). Ihre bösen Absichten hatten Erfolg. Jesus wurde am nächsten Tag ans Kreuz genagelt.

Einer meiner australischen Freunde[4] gab dieses Zeugnis während einer Predigt zum Thema Zorn:

> Ich halte mich selbst für einen ziemlich ruhigen Fahrer. Ich benutze meine Hupe nur selten und schreie andere Fahrer normalerweise nicht an. Aber ich erinnere mich an eine Begebenheit im letzten Jahr. Ich fuhr gerade auf der Überholspur, hielt mich an die vorgeschriebene Geschwindigkeit und überholte die Autos auf der anderen Spur. Plötzlich holte ein Auto hinter mir auf und hängte sich an meine Stoßstange. Das ärgerte mich furchtbar. Ich wollte nicht schneller fahren, weil ich sonst über die Geschwindigkeitsbegrenzung gekommen wäre. Ich wollte aber auch nicht die Spur wechseln und den Drängler vorbei lassen, weil ich gerade am Überholen war. So beschleunigte ich etwas, um sicher die Spur wechseln zu können. Ich ließ ihn

vorbei, kam dann direkt wieder zurück und hängte mich nun an seine Stoßstange, um ihm zu zeigen, wie sich das anfühlt. In diesem Moment war ich voller Zorn. Ich benahm mich wie ein echter Dummkopf. Ich sündigte.

Als ich später darüber nachdachte, wurde mir klar, dass es mir nicht zustand, ihn für sein Fehlverhalten zu bestrafen, auch wenn es nicht richtig war, dass er sich an meine Stoßstange klebte. Wenn er tollkühn fährt, bekommt er vielleicht einen Strafzettel und wenn nicht, dann wird Gott ihn am Ende richten, so wie Er uns alle richten wird.

Wenn wir wütend sind, neigen wir dazu andere zu richten und sie bestrafen zu wollen.

Wenn du ungerecht behandelt worden bist, kann es durchaus richtig sein, zu der betreffenden Person hinzugehen und behutsam und liebevoll mit ihr darüber zu sprechen. Jesus sagt, dass, wenn unser Bruder gegen uns sündigt, wir zu ihm gehen und ihn unter vier Augen zurechtweisen sollen (Mt 18,15). Meistens jedoch lässt uns unser Zorn fälschlicherweise glauben, dass es an uns sei zu urteilen und zu bestrafen, obwohl Gott derjenige ist, der das Recht dazu hat.

Hier sind noch einige andere Verse und Geschichten, über die du meditieren kannst.

Es kann hilfreich sein Geschichten zu betrachten, in denen die Auswirkungen von Zorn aufgezeigt werden. Kains Zorn (1. Mose 4) brachte ihn dazu, seinen jüngeren Bruder zu töten. Sauls Zorn und Eifersucht auf David brachten ihn fast dazu einen Mord zu begehen (1. Sam 19). Der Zorn entlud sich dann über Jonathan. Saul warf einen Speer nach ihm und hätte damit fast seinen eigenen Sohn getötet (1. Sam 20,30-33).

Epheser 4, 26–27

> Zürnt ihr, so sündigt nicht; die Sonne gehe nicht unter über eurem Zorn! Gebt auch nicht Raum dem Teufel!

Dieser Vers war ein Grundprinzip in meiner Familie. Ich erinnere mich daran, dass ich als Teenager abends oft nicht einschlafen konnte, bevor ich mich nicht bei verschiedenen Familienmitgliedern entschuldigt hatte. Ich wollte nicht, dass mein Groll und meine Bitterkeit wuchsen und eiterten.[5]

Gott will, dass wir nicht nachtragend sind und Probleme sofort klären, damit Satan in unserem Leben nicht Fuß fassen und seinen bösen Einfluss ausbreiten kann. Wie jeder Feind versucht er ein Bollwerk in unserem Leben zu errichten, von wo aus er weitere Angriffe auf unsere Gedanken starten kann.

Ich bin dankbar, dass Gott (durch meine Eltern) dieses Prinzip in meinem Leben verankert hat. Welch eine Freiheit hätten wir, wenn es keine Bitterkeit in unserem Leben geben würde!

Epheser 4 sagt uns nicht nur, dass wir die Sünde ablegen sollen, sondern fordert uns auch auf unsere alten Gewohnheiten durch neue zu ersetzen. Wir müssen neue anstatt der alten Kleider anziehen.

Vers 32 zeigt uns, wie wir reagieren sollen, ohne zornig zu sein.

> Seid aber gegeneinander freundlich und barmherzig und vergebt einander, gleichwie auch Gott euch vergeben hat in Christus.

Also: anstatt nur nicht zornig oder bitter zu sein, sollen wir sogar vergeben und mit Liebe und Barmherzigkeit reagieren.

Solche Vorgaben klingen unmöglich, aber je mehr wir unser Schwert gebrauchen und darüber meditieren, was Jesus tat, umso leichter wird es uns fallen. Der Sieg wurde bereits an Christi Kreuz errungen.

Deshalb steht uns die nötige Kraft zum Lernen, Lieben und Vergeben zur Verfügung. Je mehr wir darüber nachdenken, was Jesus für uns getan hat, desto dankbarer werden wir werden und das Bedürfnis entwickeln, uns anderen gegenüber nach Seinem Vorbild zu verhalten. Anhaltendes Meditieren (ich nenne es „wiederkauen") über das Kreuz und die Auferstehung wird große Veränderung in unserem Leben herbeiführen.

Und was wurde aus meinen zwei Freunden, deren Ehe durch den Zorn gefährdet war? Das Auswendiglernen von Bibelversen und das Reflektieren darüber hat ihre Ehe gestärkt. Es wurde zu einem Segen für beide, die jetzt ein Zeugnis für die Kraft des „Schwerts des Geistes, welches das Wort Gottes ist", sind.

Fragen zur Reflexion:

1. Lies 1. Samuel 8 und 11 sowie 1. Könige 21! Ist der Zorn in diesen Kapiteln gerechtfertigt? Warum oder warum nicht?

2. Denke über deinen Zorn in bestimmten Situationen nach! Warum wirst du zornig?

3. Wozu hat Zorn in deinem Leben schon geführt?

4. Schreibe dir Verse auf, die du beim Schwertkampf verwenden willst! Entscheide, auf welche Weise du sie benutzen willst, und verpflichte dich vor jemandem dazu! Bitte diese Person, bei dir nachzufragen, wie du damit zurecht kommst!

5. Nimm ein aktuelles Beispiel für deinen Zorn und überlege, wie du hättest anders reagieren können. Welche Rolle hätten deine auswendig gelernten Verse dabei spielen können?

Gebetsvorschläge:

1. Tu Buße für Verhaltensweisen, die Gott nicht gefallen!

2. Bitte Gott dir dabei zu helfen mit mehr Geduld zu reagieren!

3. Bitte Gott darum, dass Er dir jemanden schenkt, dem du Rechenschaft ablegen kannst!

---

1. Robert D. Jones, *Uprooting Anger: Biblical Help for a Common Problem* (Phillipsburg: P&R Publishing, 2005), 3.
2. Zorn ist eine komplexe Emotion und kann ein äußerliches Zeichen von Furcht, Angstzuständen oder Scham sein. Es könnte wichtig und hilfreich sein, sich an einen Therapeuten zu wenden, der die richtigen Fragen stellt, um die Gründe deines Zorns aufzudecken. Das wird dir helfen, die passenden Bibelverse auszusuchen.
3. Aus der *New International Version*, Ausgabe 1984.
4. Mit Erlaubnis verwendet.
5. Bitte beachte: Wenn eine Situation spät abends eskaliert oder du zu müde bist, um dich damit zu befassen, dann könnte es weise sein zu warten, bis beide Parteien sich beruhigt haben. Das Prinzip bleibt jedoch bestehen: Du solltest dich schnellstmöglich dem Problem widmen, um weitere Auswirkungen zu vermeiden.

KAPITEL 6
SORGEN

Gibt es irgendjemanden, der keine Sorgen hat? Wir fangen im frühen Alter damit an und sorgen uns, bis wir sterben. Sich Sorgen zu machen scheint ganz natürlich zu unserem Leben dazu zu gehören.

Wir sorgen uns ums *Geld*. Haben wir genug? Was passiert, falls die Banken oder die Börsen oder der Arbeitsmarkt kollabieren? Und wenn wir genug Geld haben, fragen wir uns: Ist es bei uns überhaupt sicher?

Wir sorgen uns um *Beziehungen*. Werde ich gemocht? Werde ich auf Dauer geliebt werden? Ist meine Ehe stabil?

Wir sorgen uns um die *Zukunft*.

Und als wäre das nicht genug, verbringen wir unsere Zeit mit „Was wäre wenn?"-Fragen und das, obwohl das meiste davon wohl niemals eintreten wird.

- Was ist, wenn ich diese Person heirate und er oder sie dann krank wird und mich als Witwe/Witwer zurücklässt?
- Was ist, wenn ich keine Kinder bekommen kann oder mein Kind stirbt oder drogensüchtig wird oder ein Mörder?

- Was ist, wenn ich Krebs bekomme oder eine andere schwere Krankheit?

Der Sorgende kann seinen Kopf zermartern: „Wenn ich dies oder das nicht tue, dann geht alles den Bach runter." Er kann ohne Unterlass verschiedene Lösungen im Kopf durchspielen. Zu viele Nächte lang lag ich selber wach, während ich über fünf mögliche Lösungen eines Problems nachgedacht und das Für und Wider abgewogen habe. Dabei wäre es viel besser, die Angelegenheit im Gebet Gott zu übergeben und einzuschlafen. Aber selbst wenn ich darüber gebetet habe und der Meinung bin, jetzt Gott dafür zu vertrauen, drehe und wende ich das Problem weiter in meinem Kopf. Wir glauben, das Problem Gott abgegeben zu haben, aber holen es dann gleich wieder zurück, als seien Gottes Hände nicht stark genug.

Sorge sagt zu Gott: „Ich traue dir nicht zu, dieses Problem zu lösen" oder zumindest: „Du brauchst meine Hilfe dabei!" So zugespitzt formuliert zeigt sich, wie unbegründet und lächerlich unsere Sorgen oft sind.

Das ist es auch, was Abraham und Sara in 1. Mose 16 taten. Gott hatte Abraham versprochen, ihn zu einem großen Volk zu machen, was bedeuten musste, dass Gott ihm einen Sohn versprach. Aber ein Jahr ums andere verging. Nach zehn Jahren, als die beiden 85 bzw. 75 Jahre alt waren, hatten sie die Hoffnung aufgegeben. Die meisten von uns würden ihnen diesbezüglich keinen Vorwurf machen.

Dann sagte Sara zu ihrem Mann: „Der Herr hat mich verschlossen, dass ich keine Kinder gebären kann", und überlegte sich selbst eine Lösung:

Geh doch ein zu meiner Magd; vielleicht werde ich durch sie Nachkommen empfangen!

(V. 2)

Wie oft haben wir schon so ähnlich gehandelt? Gott hat unser Gebet nicht erhört, also wollen wir nachhelfen. Das Problem war, dass Abrahams und Saras Lösung nicht dem Plan Gottes entsprach. Ihre Sorge und Angst brachten ihre Familie in echte Schwierigkeiten und verursachten weiteren Stress und schwerwiegende Folgen, die bis zum heutigen Tag spürbar sind. Hagars Kind wurde zum Vater der arabischen Völker und Saras Sohn wurde zum Vater des jüdischen Volkes. Diese eine Entscheidung, die Lösung des Problems selbst in die Hand zu nehmen, führte zu einem Konflikt, der schon 4000 Jahre andauert.

Sorge ist eine Sünde, es ist das Versäumnis, Gott in allem zu vertrauen. Abraham hätte zu Sara sagen sollen: „Danke, dass du dir Gedanken über unser Problem machst, aber lass uns nichts vorweg nehmen. Lass uns zu Gott gehen und Ihn fragen. Lass uns weiter vertrauen."

Wir wollen einmal verschiedene Schritte im Umgang mit Sorge betrachten:

1. Das Problem erkennen

Sobald wir das Sich-Sorgen als Sünde erkannt haben, befinden wir uns schon auf dem Weg zu einer Lösung, die damit beginnt, dass wir ernstlich Buße darüber tun, dass wir Gottes Macht und Seine Fürsorge für uns angezweifelt haben.

2. Verse entdecken, mit denen sich die biblische Wahrheit dagegen setzen lässt

Manchmal müssen wir unseren Schwertkampf beginnen, indem wir uns selber an die Gefahren von Sorge und Angst erinnern.

Sprüche 12,25

> Kummer drückt das Herz eines Mannes nieder ...

An Sorgen festzuhalten, hat einen hohen Preis. Ältere Versionen der Bibel benutzen das sehr anschauliche Wort „Last". Sorgen ist, wie wenn wir ständig einen schweren Sack Kartoffeln mit uns herumschleppen. Wir haben den Blick zum Boden gerichtet und stöhnen unter der Last, ohne Hoffnung oder Freude.

Sprüche 28,26

> Wer sich auf sein eigenes Herz verlässt, ist ein Narr; wer aber in der Weisheit wandelt, der wird entkommen.

Eine weitere Warnung.

Es lohnt sich darüber nachzudenken, warum der, der sich auf sein eigenes Herz verlässt, als Narr bezeichnet wird. Ein Grund ist einfach der, dass wir schwach sind und wenig Weisheit haben, so dass wir selten die Gesamtsituation verstehen. Deswegen ist es töricht, unserem eigenen begrenzten Urteil zu vertrauen. Wir werden oft die falsche Entscheidung treffen. Außerdem haben wir sowieso nur selten die Stärke, unseren Plan umzusetzen. Deshalb sollten wir erkennen, dass unsere Sorge eigentlich eine Weigerung ist, Gott zu vertrauen. Wir müssen uns immer wieder daran erinnern, dass Er vertrauenswürdig ist.

Prediger 2,22–23

> Denn was hat der Mensch von all seiner Mühe und dem Trachten seines Herzens, womit er sich abmüht unter der Sonne? Denn er plagt sich jeden Tag mit Kummer und Ärger; sogar in der Nacht hat sein Herz keine Ruhe.

Der „Lehrer" aus dem Buch Prediger war offensichtlich mit Sorgen vertraut. Wenn es Salomo war, dann hatte er die Verantwortung für ein Königreich und eine riesige Familie zu tragen. Jemand, der sich ständig Sorgen macht, bringt sich selbst um den Schlaf in der Nacht und macht sich selbst unglücklich.

Hebräer 11,6

Ohne Glauben aber ist es unmöglich, ihm [Gott] wohlzugefallen.

Das Geheimnis, Gott zu gefallen, liegt darin, Ihn beim Wort zu nehmen und Ihm in unserem ganzen Leben zu vertrauen. Wenn wir uns selbst Nachfolger Jesu nennen, dann müssen wir Ihm vertrauen, oder aber unsere Taten machen unsere Worte zunichte. Zuerst müssen wir Ihm für unsere Erlösung vertrauen (weil wir uns nicht selbst erretten können), danach für all unsere alltäglichen Bedürfnisse - körperlich, emotional und geistig. Dann müssen wir uns immer wieder an Gottes Macht und Seine Liebe für und Sorge um uns erinnern. Beides gehört zusammen, denn wenn Er nur mächtig wäre, würde das nicht unbedingt bedeuten, dass Er von so belanglosen Wesen wie uns Menschen überhaupt Notiz nehmen würde. Ich finde es sehr hilfreich, mich selbst an biblische Geschichten zu erinnern wie die, als Israel durch die Wüste wanderte, wo Gott sie nicht nur vierzig Jahre lang mit Nahrung versorgte, sondern sich sogar um Kleinigkeiten kümmerte wie beispielsweise sicherzustellen, dass ihre Kleidung nicht abgetragen wurde und ihre Beine nicht anschwollen (5. Mose 8,4).

1 Petrus 5,7

Alle eure Sorge werft auf ihn; denn er sorgt für euch.

Ich mag die Bildersprache dieses Verses wie ich meine große Last der Sorge, die mich beschwert und runterzieht, in Jesu mächtige Hände fallen lassen kann. Allein über diesen Vers zu meditieren, verschafft mir große Erleichterung, so wie einen tiefen Seufzer.

Psalm 32,10

> Wer aber dem Herrn vertraut, den wird er mit Gnade umgeben.

Es gibt zahlreiche Verheißungen in der Bibel, dass Gott diejenigen, die auf Ihn vertrauen, lieben und beschützen wird. Umgekehrt enthalten diese Verse eine Warnung, dass Gott nicht unbedingt denjenigen beschützen wird, der sich weigert, auf Ihn zu vertrauen. Sein Vertrauen auf Gott zu setzen, ist eine Entscheidung mit Konsequenzen.

Jesus wusste ganz genau, dass wir Menschen stark dazu neigen, uns Sorgen zu machen, denn ein großer Teil Seiner Bergpredigt dreht sich um dieses Thema. Jeder dieser Verse enthält Prinzipien, über die man in Ruhe meditieren könnte.

Matthäus 6,25–26

> Darum sage ich euch: Sorgt euch nicht um euer Leben, was ihr essen und was ihr trinken sollt, noch um euren Leib, was ihr anziehen sollt! Ist nicht das Leben mehr als die Speise und der Leib mehr als die Kleidung? Seht die Vögel des Himmels an: Sie säen nicht und ernten nicht, sie sammeln auch nicht in die Scheunen, und euer himmlischer Vater ernährt sie doch. Seid ihr nicht viel mehr wert als sie?

Wie viel Zeit verschwenden wir doch mit Sorgen! Und wie gerne möchte Gott unsere Bedürfnisse stillen. Wie bei den Israeliten in der

Wüste wartet Er nur darauf, dass wir Ihm vertrauen. Jeden Tag sorgt Gott für die gesamte Schöpfung und Jesus sagt uns, dass wir wertvoller sind als sie. Diese Verse sind sowohl ein Tadel für unser mangelndes Vertrauen, als auch eine Erinnerung daran, dass wir einen liebenden himmlischen Vater haben, der besser als jeder andere für uns sorgen kann.

Matthäus 6 fährt in den Versen 27-30 fort:

Wer aber von euch kann durch sein Sorgen zu seiner Lebenslänge eine einzige Elle hinzusetzen? Und warum sorgt ihr euch um die Kleidung? Betrachtet die Lilien des Feldes, wie sie wachsen! Sie mühen sich nicht und spinnen nicht; ich sage euch aber, dass auch Salomo in all seiner Herrlichkeit nicht gekleidet gewesen ist wie eine von ihnen. Wenn nun Gott das Gras des Feldes, das heute steht und morgen in den Ofen geworfen wird, so kleidet, wird er das nicht viel mehr euch tun, ihr Kleingläubigen?

Wieder erwähnt Jesus das erste Prinzip. Man könnte sich fragen, warum Er es für nötig hält, es zu wiederholen. Wahrscheinlich weil Er ganz genau weiß, wie anfällig wir dafür sind, hier zu versagen, und wie viel Zeit wir damit verbringen, uns über bedeutungslose Kleinigkeiten Sorgen zu machen. Der Tadel wird im Folgenden noch deutlicher.

Matthäus 6 fährt fort mit:

Darum sollt ihr nicht sorgen und sagen: Was werden wir essen?, oder: Was werden wir trinken?, oder: Womit werden wir uns kleiden? Denn nach allen diesen Dingen trachten die Heiden, aber euer himmlischer Vater weiß, dass ihr das alles benötigt. Trachtet vielmehr zuerst nach dem Reich Gottes und nach seiner Gerechtigkeit, so wird euch dies alles hinzugefügt werden!

(V. 31–33)

Unser Mangel an Sorgen kann ein starkes Zeugnis sein. Wenn wir uns sorgen, worin unterscheiden wir uns dann von Nichtchristen? Wir haben einen himmlischen Vater, der uns liebt und jedes unserer Bedürfnisse kennt. Vers 33 erinnert uns an die richtigen Prioritäten in unserem Leben. Wir sollen unsere emotionale und körperliche Kraft nicht damit verschwenden, uns zu sorgen. Wie viel besser ist es, unsere Zeit und Energie für das aufzuwenden, was Gott als wichtig erachtet. Das heißt zum Beispiel, nach unserer Heiligung zu streben (mehr so zu werden wie Jesus), unsere Hoffnung mit anderen zu teilen und andere zu lehren, mehr auf Jesus zu vertrauen. Sowohl Evangelisation als auch Jüngerschaft werden schwierig, wenn man uns als eine Person wahrnimmt, die sich ständig Sorgen macht.

Matthäus 6,34

> Darum sollt ihr euch nicht sorgen um den morgigen Tag; denn der morgige Tag wird für das Seine sorgen. Jedem Tag genügt seine eigene Plage.

Sich zu sorgen, ändert gar nichts. Tatsächlich macht es die Dinge oft schlimmer, weil wir uns davon stressen lassen. Wie Jesus sagt, hat jeder Tag seine eigene Plage. Offensichtlich ist das Sorgen ein Problem der Menschheit, denn es gibt viele Verse in der Bibel, die sich darum drehen, Gott zu vertrauen und sich nicht zu sorgen.

Philipper 4,6–7

> Sorgt euch um nichts; sondern in allem lasst durch Gebet und Flehen mit Danksagung eure Anliegen vor Gott kund werden. Und der Friede Gottes, der allen Verstand übersteigt, wird eure Herzen und eure Gedanken bewahren in Christus Jesus!

Diese Verse zeigen uns, wie wir mit Angst umgehen sollen. Wir sollen für alles beten, was uns beunruhigt. Ein solches Gebet schließt ein, Gott um Hilfe zu bitten, aber es beinhaltet auch Danksagung. Wir sind dazu angehalten, Gott für die Hilfe zu danken, die Er uns in der Vergangenheit zukommen hat lassen (dies ist Teil des Schwertkampfes, bei dem wir uns selber immer wieder ins Gedächtnis rufen, mit welcher Macht Gott bereits in unserem Leben gewirkt hat) und Ihn zu loben wegen Seines Charakters, der in der Bibel aufgezeigt wird. Indem wir das tun, lernen wir, Gott im Voraus dafür zu danken, dass Er alles im Griff hat und sich als vertrauenswürdig erweisen wird.

Sprüche 3,5–6

> Vertraue auf den Herrn von ganzem Herzen und verlass dich nicht auf deinen Verstand; erkenne Ihn auf allen deinen Wegen, so wird Er deine Pfade ebnen

Dies ist ein Vers, den ich schon ganz früh in meinem Leben auswendig gelernt habe und der mir seitdem immer ein immenser Trost war. Oft verbauen wir uns selber den geraden Weg (wie Abraham und Sara in 1. Mose 16), weil wir uns weigern, Gott zu vertrauen. Wenn wir Ihm nur gehorchen würden, würde Er uns liebend gerne auf dem geraden Weg leiten.

3. Suche Geschichten heraus, um diesem Problem mit der biblischen Wahrheit zu begegnen

Hier sind einige Beispiele, die deutlich machen, wie Gott für Sein Volk sorgt:

- Gott versorgte Noah (und alle Tiere!) in 1. Mose 6-9.

- Gott führte Abraham, als er in ein fremdes Land zog (1. Mose 12-25).
- Gott schützte Jakob, als er vor seinem Bruder und später vor seinem Schwiegervater floh (1. Mose 28-33).
- Gott versorgte Elia während einer Hungersnot (1. Kön 17).

Es gibt noch zahlreiche weitere Beispiele.

Jesus war es, der in Matthäus 11,28–30 ausrief:

> Kommt her zu mir alle, die ihr mühselig und beladen seid, so will ich euch erquicken! Nehmt auf euch mein Joch und lernt von mir, denn ich bin sanftmütig und von Herzen demütig; so werdet ihr Ruhe finden für eure Seelen! Denn mein Joch ist sanft und meine Last ist leicht.

Christ zu sein sollte Zeiten der Freude und der Erholung mit sich bringen und wenn das nicht der Fall ist, dann sicher deswegen, weil wir den Sorgen nachgeben. Wenn das der Fall ist, werden wir den Stress in unserem Leben zusätzlich erhöhen und nicht in der Lage sein, die Freude auszustrahlen, die Sein sanftes Joch mit sich bringt.

Fragen zur Reflexion:

1. Worum sorgst du dich?

2. Warum machst du dir um diese Dinge Sorgen?

3. Wie geht es dir mit der Aussage, dass Sich-Sorgen-machen Sünde ist? Warum kommt diese Reaktion von dir?

4. Welche Bibelverse oder biblische Geschichten findest du besonders schwierig?

5. Welche Bibelverse musst du lernen, um sie in diesem geistlichen Kampf einsetzen zu können?

Gebetsvorschläge:

1. Tu Buße über alles, was der Heilige Geist dir zeigt!

2. Bete dich durch einige der Verse hindurch, die du dir ausgesucht hast und bitte Gott dabei um Hilfe!

3. Bitte Gott darum, dass Er dir Ressourcen zur Verfügung und Menschen zur Seite stellt, die dir bei diesem Problem weiterhelfen können!

KAPITEL 7
ANGST

ANGST IST ein Teil unseres Lebens als Geschöpfe Gottes, wenn die Dinge unserer begrenzten Kontrolle entgleiten. Der Pegel unserer Angst ist viel höher, wenn wir den Schöpfer selbst noch nicht kennen oder noch nicht gelernt haben, darauf zu vertrauen, dass Er die volle Kontrolle über alles in dieser Welt hat.

Angst ist eine von Satans beliebtesten Waffen. Warum sonst wiederholt die Bibel so oft: „Fürchtet euch nicht!"?

Gott sprach diese Worte zu Abraham (1. Mose 15,1), Isaak (1. Mose 26,24), Jakob (1. Mose 46,3), Josua (mehrmals, aber siehe Jos 8,1; 10,8), Daniel (Dan 10,12), den Jüngern vor und nach Seinem Tod und Seiner Auferstehung (Joh 14,1; 20,19;26) und Paulus (Apg 18,9).

Ich finde es ermutigend zu wissen, dass all diese Helden des Glaubens zu verschiedenen Zeiten mit Angst zu kämpfen hatten. Angst ist ein Teil des Menschseins und etwas, das Satan besonders gern ausnutzt. So sehr wir auch versuchen, unsere Angst durch Lachen, Draufgängertum oder Zorn zu verbergen, sie durchdringt doch unser ganzes Leben.

. . .

Wovor haben wir Angst?

Die Antwort könnte lauten, dass es in der Welt viele Dinge gibt, vor denen man sich fürchten kann, aber im Folgenden fasse ich einige Bereiche zusammen.

1. Angst vor dem Tod

Viele Menschen geben es nicht gerne zu, aber die Angst vor dem Tod kann einen gewaltigen Einfluss auf unser Leben haben. Beide, Abraham und später auch Isaak, sind in diese Falle geraten. Vater und Sohn erzählten Lügen über ihre Ehefrauen und gaben vor, sie seien ihre Schwestern, denn sie hatten Angst, dass andere Männer sie ihrer Frauen wegen umbringen würden (1. Mose 12,10-20; 20,1-18; 26,1-11).

Ihre Angst vor dem eigenen Tod war so groß, dass beide Männer es zuließen, dass ihre Frau zur Konkubine eines ortsansässigen Herrschers wurde. Anstatt mit Gottes Bewahrung zu rechnen, ließen sie sich einen eigenen Plan einfallen und behandelten ihre Frauen wie ein Luxusgut und nicht wie eine geliebte Partnerin.

Ich kannte mal eine taiwanesische Frau, die furchtbare Angst vor dem Tod hatte. Wo auch immer sie sich aufhielt, überall sah sie Begräbnis-Zelte, die vor den Häusern der Menschen aufgestellt werden, wenn ein Familienmitglied stirbt. Diese Angst trieb sie in eine tiefe Depression. Sie nahm Schlaftabletten, um ihrer Angst aus dem Weg zu gehen, und schlief manchmal bis zu achtundvierzig Stunden am Stück. Die Angst beherrschte ihr Leben und zerstörte ihre Gesundheit.

Zum Glück trieb diese Angst vor dem Tod sie auch in Jesu Arme. Ihre Furcht stieg ins Unermessliche, als ihr Haus bei einem Erdbeben einstürzte. Sie wurde darunter begraben, überlebte aber, doch ihre jüngere Schwester und ihr Bruder kamen dabei ums Leben. Für jemanden, der eine so verzweifelte Angst vor dem Tod hatte, war das fast zu viel und ich hatte Angst, sie würde sich umbringen. Es fiel ihr sehr schwer, die religiösen Überzeugungen ihrer Kindheit abzulegen, die besagten, dass die Ursache von so viel Unglück eine große Sünde in der Familie oder in einem der vorhergegangenen Leben eines Familienmitglieds sei.

Obwohl sie nun Christ ist, ist sie immer noch depressiv und vergisst oft, ihre Gedanken gefangen zu nehmen, so dass sie wieder in die Spirale der Angst gerät. Einige christliche Freunde versuchen, ihr zur Seite zu stehen und ihr bei ihrem Schwertkampf zu helfen. Sie konzentrieren sich darauf, ihr zu helfen, dass sie Gottes Liebe und Seine Gegenwart in ihrem Leben im Blick behält, aber auch die Hoffnung auf den Himmel.

Wir haben mit ihr über Gott als den liebenden himmlischen Vater gesprochen und sie ermutigt, über Geschichten wie die vom Verlorenen Sohn (Lk 15) zu meditieren und darüber, wie unaussprechlich viel es Jesus gekostet hat, uns durch Seinen Tod am Kreuz Hoffnung und Liebe zu geben.

Wir haben dieser Frau geholfen, folgende Verse auswendig zu lernen, die ihr Gewissheit gegeben haben über Gottes Gegenwart in ihrem Leben und bis in alle Ewigkeit.

Hebräer 13,5

> Ich will dich nicht aufgeben und dich niemals verlassen!

Oder Römer 8,31 ff.

> Ist Gott für uns, wer kann gegen uns sein? Er, der sogar seinen eigenen Sohn nicht verschont hat ... wie sollte er uns mit ihm nicht auch alles schenken? ... Aber in dem allem überwinden wir weit durch den, der uns geliebt hat. Denn ich bin gewiss, dass weder Tod noch Leben, weder Engel noch Fürstentümer noch Gewalten, weder Gegenwärtiges noch Zukünftiges, weder Hohes noch Tiefes noch irgendein anderes Geschöpf uns zu scheiden

vermag von der Liebe Gottes, die in Christus Jesus ist, unserem Herrn.

Wir brachten ihr außerdem bei, ihre Situation umzudeuten und den Tod als eine Tür zu Jesu perfekter Welt und Gegenwart zu sehen anstatt zu einem gefürchteten Ende. Wie es Psalm 56,4 und 5 sagt:

Wenn mir angst ist, vertraue ich auf dich! In Gott will ich rühmen sein Wort; auf Gott vertraue ich und fürchte mich nicht; was kann ein Mensch mir antun?

Wir machten sie darauf aufmerksam, dass es eine vernünftige Entscheidung ist, Gott zu vertrauen, weil nur Er völlig vertrauenswürdig ist. Mit Jesus an unserer Seite müssen wir uns vor nichts mehr fürchten. Selbst wenn wir abgelehnt oder gar getötet werden, sind wir doch bis in alle Ewigkeit in Sicherheit.

Johannes 10,28

Ich [Jesus] gebe ihnen ewiges Leben, und sie werden in Ewigkeit nicht verlorengehen, und niemand wird sie aus meiner Hand reißen.

Wir werden von den Händen des Königs des Universums gehalten. Nichts kann uns jemals aus Seiner Hand reißen, weil Er viel zu mächtig ist. Auch wenn unsere Körper sterben, so sterben wir selbst nicht, sondern werden ewig mit Jesus leben.

Schließlich sprachen wir mit ihr ausführlich über den Himmel und dass ihr himmlischer Vater dort auf sie wartet und dass die Angst keinen Raum mehr haben wird, sobald sie Sein Angesicht schaut. Wir reden auch ständig mit ihr darüber, dass ihre Schwester beim Herrn ist und dass sie sie wiedersehen wird.

Wenn die Wahrheiten der Heiligen Schrift zu diesem Thema verinnerlicht sind, dann können wir wirklich frei von der Angst vor dem Tod sein.

Mir wurde einmal erzählt, dass einigen afrikanischen Gläubigen mit dem Tod gedroht wurde, sollten sie nicht zum Islam konvertieren. Einer der gefangenen Männer lachte und sagte: „Ihr glaubt, ihr könnt mir mit dem Himmel drohen!"

Wenn wir wissen, dass nicht einmal der Tod uns von Gott trennen kann, dann hat er auch keinen Stachel mehr für uns (1. Kor 15,55).

2. Angst vor Menschen

In Sprüche 29,25 werden wir gewarnt, dass „Menschenfurcht ein Fallstrick" sei. Leider ist diese Angst so weit verbreitet, dass die meisten von uns sie gar nicht als solche erkennen. Wir befürchten, dass andere ihre gute Meinung von uns aufgeben, dass wir uns vor ihnen blamieren, dass wir lächerlich gemacht werden oder dass wir einfach dumm dastehen.

Lasst uns doch nicht so sein wie die Leute, die in Johannes 12,42-43 erwähnt werden:

Doch glaubten sogar von den Obersten viele an ihn [Jesus], aber wegen der Pharisäer bekannten sie es nicht, damit sie nicht aus der Synagoge ausgeschlossen würden. Denn die Ehre der Menschen war ihnen lieber als die Ehre Gottes.

Ich wäre lieber so wie Petrus und Johannes in

Apostelgeschichte 4, die, nachdem sie für eine Nacht ins Gefängnis geworfen worden waren, auf die Aufforderung der Pharisäer, nicht weiter über Jesus sowie Seinen Tod und Seine Auferstehung zu sprechen, erwiderten:

> Entscheidet ihr selbst, ob es vor Gott recht ist, euch mehr zu gehorchen als Gott!
>
> Denn es ist uns unmöglich, nicht von dem zu reden, was wir gesehen und gehört haben!
>
> (Apg 4,19–20)

Unser Problem ist, dass wir oft vor den falschen Dingen Angst haben. Wir sollten Gott allein fürchten, aber statt den zu fürchten, der Macht hat, unser ewiges Schicksal zu bestimmen, und der sogar die Gedanken und Motive unseres Herzens richten kann, fürchten wir uns vor Menschen. Insbesondere das Alte Testament spricht ständig von der Gottesfurcht. Das Problem ist folgendes: Wenn die Leute das Wort „Furcht" hören, dann verbinden sie all ihre eigenen Missverständnisse damit. In der Bibel ist Gottesfurcht etwas Gutes. Sie bedeutet Ehrerbietung und Hochachtung vor Gottes Größe und Heiligkeit. Diese Furcht hält uns auf Gottes Weg, nicht weil wir anderweitig Bestrafung fürchten müssten, sondern weil wir wissen, dass es das einzig Richtige ist und wir Ihm gefallen wollen.

Wenn wir versucht sind, Menschen zu fürchten, dann könnte es sich lohnen, Verse auswendig zu lernen wie Sprüche 9,10:

> Die Furcht des HERRN ist der Anfang der Weisheit ...

Warum? Weil wir, wenn wir Gott und Seine Heiligkeit fürchten und anbeten und wenn wir verstehen, warum Er die Sünde hasst, anfangen werden, Seine Perspektive der Welt einzunehmen. Wir werden die Menschenfurcht so sehen, wie Er das tut: als eine Beleidigung Gottes und einen Mangel an Vertrauen in Ihn. Wir werden verstehen, dass wir uns nicht davor zu fürchten brauchen, was Menschen uns antun können (Jes. 52,12-13), sondern dass allein zählt, wie Gott uns sieht.

Tatsächlich könnte man Weisheit wie folgt definieren: die Fähigkeit, Dinge aus Gottes Perspektive zu sehen. Das hilft uns verstehen, wie wir unser Leben nach Seinem Willen führen können.

Gottesfurcht wird uns davor bewahren zu sündigen (2. Mose 2,20; Hiob 1,1) und hilft uns, ein gottgefälliges Leben zu führen (5. Mose 31,12.13; Pred 7,16-18).

König Saul, der erste König Israels, ist ein Beispiel für jemanden, der Menschen mehr fürchtete als Gott. In 1. Samuel 15 hatte Gott ihm klare Anweisungen gegeben, wie er die Amalekiter richten sollte. Ihm war befohlen worden, alle Männer, Frauen und Kinder und dazu auch alles Vieh zu töten. Plünderungen durften nicht stattfinden. Aber Saul gehorchte nicht vollständig; er hielt die besten Menschen und Tiere zurück. Als Samuel ihn wegen seines Ungehorsams zur Rede stellte, antwortete Saul:

Ich habe doch der Stimme des HERRN gehorcht und bin den Weg gezogen, den mich der HERR sandte, und habe Agag, den König von Amalek, hergebracht und an den Amalekitern den Bann vollstreckt! Aber das Volk hat von der Beute genommen, Schafe und Rinder, das Beste des Gebannten, um es dem HERRN, deinem Gott, in Gilgal zu opfern!

(V. 20-21)

Daraufhin erklärt Samuel Saul, dass Gott Gehorsam einem Opfer vorzieht und Saul als König über Israel absetzen werden wird. Und Saul antwortet mit einer Ausrede:

... ich fürchtete das Volk und gehorchte seiner Stimme!

(V. 24)

Selbst Sauls Buße zeichnet sich durch Menschenfurcht aus. Um seinen Ruf zu wahren, fleht er Samuel an mit ihm zurückzukehren, um den Herrn gemeinsam anzubeten. Dann würde es so aussehen, als hätte Saul immer noch Gottes Wohlwollen. Samuel erkennt den Grund dieser Bitte ganz genau und weigert sich, mitzumachen.

Wie oft schon haben wir etwas Falsches getan, weil wir mehr Angst vor dem hatten, was andere über uns denken könnten, als davor, was Gott über uns denken könnte?

Emily war eine begeisterte Christin, die dem Herrn wirklich dienen wollte. Im Laufe der Woche, die sie bei mir verbrachte, fiel mir jedoch auf, dass sie voller Furcht war und sich davon lähmen ließ. Als ich sie genauer befragte, fand ich heraus, dass sie auch von geringem Selbstwertgefühl und Sorgen geplagt wurde. Obwohl das nach drei verschiedenen Problemen aussah, war doch alles ineinander verwoben.

Durch vorsichtiges Fragen fand ich heraus, dass Emily sich vor vielen Dingen fürchtete. Sie fürchtete sich davor zu versagen und unzulänglich zu sein (das hinderte sie sehr daran, anderen zu dienen und Neues auszuprobieren). Sie hatte Angst vor Ablehnung (das hinderte sie sehr daran, das Evangelium Freunden weiter zu sagen). Sie hatte Angst vor der Zukunft, sowohl für sich selbst als auch für ihre Familie. Und so hätte die Liste weiter gehen können. Dankbarerweise kenne ich mich im Gebrauch des Schwertes aus und wusste, dass ich nicht jede Angst einzeln angehen musste. Ich erklärte ihr die Prinzipien des Schwertkampfs und auch, wie sie selber ihr Schwert einsetzen kann.

Abgesehen von den vielen Versen im Rest dieses Kapitels schrieb sich Emily auch Psalm 46,2-3 auf:

> Gott ist unsere Zuflucht und Stärke, ein Helfer, bewährt in Nöten. Darum fürchten wir uns nicht, wenn auch die Erde umgekehrt wird und die Berge mitten ins Meer sinken ...

Wir müssen keine Angst haben, weil wir dem Einen vertrauen. Egal was passiert, Er ist stets bereit, unsere Zuflucht und unsere Stärke zu sein. Es gibt hunderte ähnlicher Verse, aus denen du wählen kannst, und hier sind einige davon.

Römer 8,28.29

> Wir wissen aber, dass denen, die Gott lieben, alle Dinge zum Besten dienen, denen, die nach dem Vorsatz berufen sind. [und Sein Vorsatz ist]... dem Ebenbild seines Sohnes gleichgestaltet zu werden ...

Das Versprechen lautet nicht, dass alles gut werden wird. Nein, es ist ein Versprechen, dass, wenn wir auf Gott vertrauen, dann wird Er alles, einschließlich unseres Versagens und unseres Leides, dazu gebrauchen, uns in das Bild Jesu zu verwandeln. Mit einem solchen Gott an unserer Seite, wovor muss man sich da noch fürchten?

Jesaja 41,10

> Fürchte dich nicht, denn ich bin mit dir; sei nicht ängstlich, denn ich bin dein Gott; ich stärke dich, ich helfe dir auch, ja, ich erhalte dich durch die rechte Hand meiner Gerechtigkeit!

Gott verspricht, dass Er uns mit allem versorgen will, was wir brauchen, um die Ängste des Lebens zu bewältigen. Wir brauchen Ihm nur zu vertrauen.

1. Johannes 4,18

> Furcht ist nicht in der Liebe, sondern die vollkommene Liebe treibt die Furcht aus, denn die Furcht hat mit Strafe zu tun; wer sich nun fürchtet, ist nicht vollkommen geworden in der Liebe.

Dieser Vers allein enthält genug, um Jahre darüber zu meditieren. Eine Hilfe gegen unsere Angst ist es, immer wieder über Gottes Liebe nachzudenken. Wenn Er uns so sehr liebt, dass Er für uns gestorben ist, dann wird Er uns auch nicht vergessen oder es gar versäumen, uns all das zu geben, was wir brauchen. Wir werden niemals darüber hinauswachsen, immer wieder die grundlegenden Wahrheiten des Evangeliums Jesu Christi zu betrachten. Je mehr wir uns der tiefen Liebe Gottes bewusst sind, desto weniger werden wir uns fürchten.

Dieser Vers sollte uns außerdem dazu anregen, andere mit Gottes Liebe zu lieben. Denn wenn wir das tun, wird unsere Angst um Beziehungen schwinden.

Die Geschichten von Petrus (Joh 18,15 ff.; 18,25 ff.; 21,15 ff.) und Johannes Markus[1] erinnern uns daran, dass Versagen nicht endgültig sein muss. Gott ist ein Gott der zweiten Chance. Wir brauchen keine Angst haben zu versagen, denn auch das kann Gott gebrauchen, um Seine Ziele zu erreichen. Wir versagen eigentlich nur dann, wenn wir uns weigern, uns Gott unterzuordnen. Gott kann jedes Versagen wieder gut machen und uns dann dazu gebrauchen, andere zu trösten mit dem Trost, den wir erhalten haben (2. Kor 1,3-4).

Emily veränderte meine Vorschläge so, dass sie zu ihr passten. Sie wählte einen einzelnen Vers nach dem anderen aus, lernte ihn auswendig und sagte sich diesen Vers über eine Woche lang immer wieder vor. In der zweiten Woche ging sie zum zweiten Vers über und so weiter.

Ergebnisse können schneller eintreten, als wir erwarten. Schon am zweiten Morgen nach Beginn ihres Schwertkampfes setzte sich Emily plötzlich in ihrem Bett auf und sagte: „Ich habe keine Angst mehr. Heute ist der erste Morgen meines Lebens, an dem ich keine Angst habe, mich dem Tag zu stellen!"

So aufregend das auch war, war es kein Zeichen dafür, das Schwert niederzulegen und es wieder Rost ansetzen zu lassen. Es war nur das Zeichen, dass Gott Seine Versprechen hält und dass der Schwertkampf Gottes Art ist, unsere Ängste und Sorgen zu überwinden.

Ich bin per E-Mail mit Emily in Kontakt geblieben. Sie berichtet mir von stetigen und spannenden Fortschritten. Manchmal kämpft sie nicht und rutscht dann kurz in eine Zeit ab, in der sie den Lügen Satans glaubt. Aber sobald sie ihr Schwert wieder benutzt, flieht Satan vor ihr und sie erlebt den Sieg. Sie ist inzwischen eine total andere Frau, nicht mehr diejenige, die ich zuerst kennengelernt habe. Sie lässt sich nicht länger von ihren Ängsten kontrollieren, sondern ist frei, Gott zu dienen und zu ehren. Sie ist jetzt Missionarin; etwas, das sie sich niemals getraut hätte, bevor sie den Schwertkampf erlernte.

3. Angst vor der Zukunft

Ein interessanter Bereich der Angst ist der, dass Satan uns oft Angst vor Dingen macht, die noch gar nicht passiert sind. Wir befürchten, dass man uns auslacht oder ablehnt, wenn wir bestimmte Aussagen machen. Wir befürchten, dass wir bei dem, was wir tun, versagen oder dass etwas nicht gelingt.

Viele der zukünftigen Dinge, vor denen wir uns fürchten, treten niemals ein. Allerdings macht es keinen Unterschied, ob diese Dinge passieren oder nicht, denn wenn Satan es geschafft hat, uns Angst einzujagen, dann hat er sein Ziel schon erreicht und uns geht es schlecht, so als ob das Befürchtete eingetreten sei. Manchmal ist es auch unsere Angst, die dazu führt, dass genau das passiert, wovor wir uns gefürchtet haben und was wir unbedingt vermeiden wollten.

C. H. Spurgeon sagte einmal:

> Wir sind so eigenartige Kreaturen, dass wir wahrscheinlich mehr unter den Schlägen schlau werden, die sich nie ereigneten, als unter denen die tatsächlich passierten. Die Zuchtrute Gottes quält uns nicht so furchtbar wie die Zuchtrute unserer eigenen Vorstellung. Unsere unbegründeten Ängste sind unsere größten Peiniger.[2]

Als ich Australien verließ, um Missionarin zu werden, gab es vieles, wovor ich mich fürchtete. Meine größte Angst war, dass ich keine gute Arbeit leisten würde und verlegen und voller Schande zurückkommen müsste. Ich hatte auch Angst, dass mir das Missionarsdasein nicht gefallen könnte (nachdem ich mich jahrelang darauf vorbereitet hatte). Da ich in dasselbe Land ging, in dem auch meine Eltern schon Missionare gewesen waren, hatte ich Angst, dem Vergleich mit ihnen nicht standhalten zu können.

Mein letzter Aufenthalt vor Taiwan waren vier Wochen in unserem internationalen Hauptquartier in Singapur. Ein Beitrag dort brachte mich zum Umdenken. Eine chinesische Singapurerin sprach über Angst und sie sagte klar und deutlich: „Angst ist eine Sünde."[3] In dem Moment, als ich diese Aussage hörte, bäumte sich alles in mir auf und ich dachte: „Aber jeder hat doch Angst. So schlimm kann es doch wohl nicht sein oder?"

Die Sprecherin fuhr fort: „Angst ist eine Sünde, weil sie einen Mangel an Gottvertrauen darstellt." Als ich länger darüber nachdachte, wurde mir klar, dass die Frau recht hatte. Wenn ich Angst habe, sage ich im Prinzip zu Gott: „Du bist nicht in Kontrolle, du kommst mit der Situation nicht zurecht, du brauchst meine Hilfe!" Wie vermessen ich doch war! Einzusehen, dass Angst eine Sünde ist, war der erste Schritt, mich damit auseinanderzusetzen und sie zu überwinden. Wenn wir Angst nur als eine kleine Schwäche sehen, ist es sehr unwahrscheinlich, dass wir uns damit auseinandersetzen wollen. Satan will, dass wir den Gedanken von Angst als Sünde nicht zulassen, weil er uns dann in diesem Bereich besiegen kann. Also ist das Erste, was wir tun müssen, Buße tun und um Vergebung zu bitten, weil wir Gott nicht vertraut haben.

Dann fing ich an, mir die vielen Verse dieses Kapitels immer wieder ins Gedächtnis zu rufen. Seither, wenn mich Sorgen um die Zukunft anfallen wollen, komme ich schnell mit der Situation zurecht, tue Buße, entscheide mich zu vertrauen und gehe weiter. Als ich noch ein kleines Mädchen war, schrieb mir meine Mutter Sprüche 3,5 und 6 vorne in meine Bibel und das ist immer noch einer meiner Lieblingsverse: „Vertraue auf den Herrn von ganzem Herzen und verlass dich nicht auf deinen Verstand; erkenne ihn auf allen deinen Wegen, so wird er deine Pfade ebnen." Es ist so tröstlich für mich, daran festhalten zu können, dass mein Wissen Stückwerk, Gott aber allwissend ist. Es macht Ihm Freude, meine Pfade zu ebnen. Er braucht dazu weder meine Hilfe noch meine Einmischung!

Im nächsten Kapitel geht es um eine ganz besondere Angst, die wir alle nur zu gut kennen (die Angst, das Evangelium weiter zu sagen). Wir haben die Gelegenheit, ein vollständiges und konkretes Beispiel durchzuarbeiten. Aber vielleicht solltest du vorher noch folgende Anregungen beachten:

Fragen zur Reflexion:

1. Wovor hast du Angst und warum?

2. Inwiefern ermutigt dich die Tatsache, dass in der Bibel so oft „Fürchte dich nicht!" steht?

3. Welche biblische Geschichte spricht deine Ängste am besten an?

4. Welche Verse sprechen deine Ängste am besten an?

Gebetsvorschläge:

1. Übergib deine Ängste dem Herrn!

2. Tue Buße für deine Ängste und bitte um Mut!

3. Wandle die Verse und Geschichten in Gebete um!

_____

1. Johannes Markus unterbrach seine Missionsreise mit Paulus und Barnabas (Apg 15,36-39) und war später der Grund dafür, dass Paulus und Barnabas getrennte Wege gingen. Dennoch hat er später das Markusevangelium geschrieben und Paulus sagte über ihn „er ist mir sehr nützlich zum Dienst" (2. Tim 4,11).
2. Eine Predigt über „Unnötige Sorgen" vom 11. Juni 1874.
https://www.biblebb.com/files/spurgeon/3098.htm
3. Mary Tay, März 1999.

KAPITEL 8
ANGST BEIM EVANGELISIEREN

SATAN IST SEHR ERFINDERISCH DARIN, uns vorzumachen, wir seien die Einzigen, die Probleme bei etwas haben. Wenn wir uns alleine und isoliert fühlen, sind wir schnell entmutigt und geben auf.

Diese Isolation zeigt sich gerne, wenn es darum geht, unseren Glauben mit anderen zu teilen. Unsere Gedanken sind vielleicht wie folgt:

- Was ist, wenn mir schwere Fragen gestellt werden, die ich nicht beantworten kann? Ich werde mir richtig dumm vorkommen.
- Vielleicht werde ich abgelehnt, wenn ich von Jesus erzähle. Wenn ich langsam mache, kann ich vielleicht durch meine Taten überzeugen.

Diese Versuchung ist besonders stark, weil sie einige Halbwahrheiten enthält. Ja, unsere Taten sind wichtig, aber das Problem ist folgendes: Wenn wir nicht erklären, warum wir gut, liebevoll und so weiter sind, könnten unsere Freunde auch annehmen, dass wir einfach ein guter Buddhist oder ein lieber Mensch sind. Eine Kombination aus guten Taten und klarer Kommunikation ist wesentlich wirkungsvoller.

- Ich bin jetzt so müde. Morgen ist auch noch ein Tag!
- Ich habe diese besondere Gabe nicht. Warum überlasse ich das nicht jemandem, der viel besser evangelisieren kann?
- Ich bin jetzt auf der Arbeit. Es ist besser, einen passenderen Ort und eine passendere Zeit abzuwarten.

Und so weiter.

Bevor ich meinen Mund aufmache, befallen mich regelmäßig schwere Zweifel, ob diese Person das Evangelium wirklich hören soll. Am schwersten fällt es mir, wenn die Person wirklich nett ist und anscheinend sehr gut mit dem Leben zurechtkommt.

Wir nehmen oft fälschlicherweise an, dass „echte" Evangelisten solche Gedanken nicht haben. Wir fangen an zu argumentieren, dass unsere Gedanken der Beweise dafür sind, dass wir nicht wirklich für die Evangelisation geeignet sind.

Seit 1996 habe ich permanent evangelisiert. Nicht ein einziges Mal hatte ich keine Angst, bevor ich den Mund aufgemacht habe. Der Unterschied ist der, ich habe gelernt, dass solche Gedanken normal sind und ich habe auch gelernt, mein Schwert zu gebrauchen.

Mit viel Übung habe ich es gelernt, mein Schwert so schnell einzusetzen, dass ich schon nach wenigen Sekunden meinen Mund aufmache. Und sobald ich diesen ersten Schritt gegangen bin, erkenne ich, dass Gottes Verheißungen wahr sind und dass Er mir alles gegeben hat, was ich brauche. Von den Worten, die Gott mir für andere in den Mund legt, werde ich oft selber ermutigt und ich weiß, dass sie Seine Weisheit sind und nicht meine eigene.

Während evangelistischer Gespräche muss ich mein Schwert ständig einsetzen. Je stärker der geistliche Kampf, umso mehr liegt mir daran, weiter zu machen, weil die Intensität des Kampfes mir zeigt, wie sehr Satan das fürchtet, was ich tue.

Hier sind einige der Verse und Prinzipien, die ich während verschiedener Phasen bei einer Gelegenheit zur Evangelisation durchgehe.

. . .

Vor dem Evangelisations-Gespräch

1. Petrus 2,9

Ihr aber seid ein auserwähltes Geschlecht ... damit ihr die Tugenden dessen verkündet, der euch aus der Finsternis berufen hat zu seinem wunderbaren Licht.

---

1. Petrus 3,15

... Seid aber allezeit bereit zur Verantwortung gegenüber jedermann, der Rechenschaft fordert über die Hoffnung, die in euch ist ...

Wenn ich versucht werde zu glauben, dass Evangelisation die Aufgabe für jemand anderen ist als mich, erinnere ich mich selber an diese zwei Verse, die darauf hinweisen, dass jeder von uns die Aufgabe hat, von unserer Hoffnung und den Segnungen, die wir als Kinder Gottes erhalten, weiter zu sagen.

Wenn mir nicht nach Weitersagen zumute ist, dann nehme ich mir Zeit und denke darüber nach, wie wunderbar es ist, Christ zu sein. Dann bin ich schnell bereit, anderen von Jesus zu erzählen, damit auch sie die Segnungen erfahren können, die mir zuteil geworden sind. Es ist deshalb so wichtig, dass wir uns selber das Evangelium predigen. Möglichkeiten, den Helm des Heils tatsächlich aufzusetzen, uns selber an das Wunder unserer Errettung oder auch an die Realität der Hölle zu erinnern. Ich finde das besonders dann hilfreich, wenn ich versucht werde, netten Leuten das Evangelium nicht weiter zu sagen. Ich erinnere mich selbst daran, warum Jesus gesagt hat, dass Er der einzige Weg zur Erlösung ist und dass die Hölle wirklich existiert.

Wenn ich versucht werde, das Evangelisieren auf morgen zu schieben, erinnere ich mich selber daran, dass das Leben kurz und ungewiß ist und dass jeder von uns, wie der reiche Mann in Lukas 12,16 ff., plötzlich sterben kann und dann Gott gegenüberstehen wird.

Ich versuche mir vorzustellen, wie schrecklich es am Tag des Gerichts wäre, wenn einer meiner Freunde sich zu mir umdrehen und sagen würde: „Warum hast du mir nie von Jesus erzählt?" Ich will es nicht verantworten, dass ihr Blut über meinen Kopf kommt (Hes 33).

Ich versuche mir vorzustellen, wie Gott sich darüber freut, die Schwachen zu gebrauchen (1. Kor 1,27-29) und wie Er mir alles geben wird, was ich brauche (Lk 21,15), selbst unter schwierigsten Umständen.

Wenn ich Ablehnung erfahre, rufe ich mir Verse ins Gedächtnis, die mich daran erinnern, dass Gott mit mir ist und mich nie verlassen wird (Hebr 13,5; Röm 8,31 ff.).

Während des Evangelisations-Gesprächs

Habe ich manchmal Gedanken wie „Oh, das hast du schlecht ausgedrückt" oder „Das klingt lächerlich, glaubst du das wirklich selber?"

Mit Mitgliedern einer Sekte über Jesus zu reden, ist besonders schwer. Da kommen mir schon mal Gedanken wie: „Du verschwendest nur deine Zeit. Solche Leute werden sich nie ändern." Oft fühle ich mich auch total unzulänglich, weil sie so souverän aus der Bibel zitieren.

Ich erinnere mich stets daran, dass Gott Seine Arbeit tun kann, selbst wenn ich es nicht besonders gut mache, denn Er läßt sich nicht durch meine begrenzten Kommunikationsfähigkeiten aufhalten. Wie war das damals bei Jona, der widerwillig nur ganze sieben Worte predigte? Seine Haltung sollte ich mir nicht zum Vorbild nehmen. Jona hasste die Leute von Ninive und wollte, dass Gott sie auslöschte. Trotz dieser Haltung Seines Boten wirkte Gott durch dessen Worte und brachte die ganze Stadt Ninive zur Umkehr.

Jesaja 55,11

> [Gottes Wort] wird nicht leer zu mir zurückkehren, sondern es wird ausrichten, was mir gefällt ...

Solange es Gottes Wort ist, das ich anderen weitergebe, kann ich sicher sein, dass es bewirkt, was Gott möchte, sei es nun Errettung oder Gericht. Denn Gottes unwiderrufbare Verheißung ist es, dass Er zu Seinem Ziel kommt. Wobei das meiner Ansicht nach keine Garantie dafür ist (wie manche sagen), dass diejenigen, die das Evangelium hören, auch daran glauben werden.

Römer 1,16

> Denn ich schäme mich des Evangeliums von Christus nicht; denn es ist Gottes Kraft zur Errettung für jeden, der glaubt ...

Egal wie unvollständig das Evangelium manchmal klingen mag, wenn ich es weiter sage, sage ich mir diesen Vers immer wieder im Stillen vor. Wir sollten niemals aufgeben, Gott ist immer noch in der Lage, einen jeden zu erretten.

Ich erinnere mich daran, dass alle Menschen das Evangelium hören sollen und dass es niemals Zeitverschwendung ist, es weiter zu sagen. Vielleicht wird irgendetwas von dem, was ich sage, von Gott so gebraucht, dass sich dieser Nicht-Christ auf die Suche nach Gott macht. Oder vielleicht ist es auch gar nichts von dem, was ich sage, sondern die Art, wie ich mit ihm rede.

Nach dem Evangelisations-Gespräch

Das Evangelisieren ist der Zeitpunkt, in dem mir der geistliche Kampf am deutlichsten wird. Der Kampf ist unerbittlich und erfordert ständiges Gebet und das Wiederholen von Bibelversen. Wir kämpfen diesen Kampf, während wir gleichzeitig versuchen zuzuhören und zu antworten. Kein Wunder, dass wir uns danach so müde fühlen.

Nach einem Evangelisations-Gespräch gibt unser Feind noch nicht auf. Er bombardiert uns entweder mit Gedanken wie „Das war furchtbar und du hast deine Zeit verschwendet" oder dem Gegenteil, „Das lief super, gut gemacht!"

Beide Antworten machen die Fortsetzung des Schwertkampfes notwendig.

Ich erinnere mich an die Prinzipien aus 1. Korinther 3,5-7. Obwohl jeder von uns eine andere Rolle beim Evangelisieren hat, wie Gebet oder Verkündung, ist es doch Gott allein, der Wachstum und Leben gibt. Ohne Christus sind wir geistlich tot (Eph 2,1). Egal wie brillant ich in der Kommunikation auch sein mag, das Erwecken der Toten zum Leben ist immer Gottes Aufgabe. Mich daran zu erinnern, lässt mich demütig bleiben.

Es hilft mir auch, Entmutigung zu bewältigen, weil ich verstanden habe, dass es meine Rolle ist, Gottes Wort auszusäen (Mk 4), aber Gott allein derjenige ist, der die Saat aufgehen und wachsen lässt.

Wenn wir lernen, während der Evangelisation mit unserem Schwert zu kämpfen, fangen wir an, uns vollständig auf Gottes Führung und Stärke zu verlassen. Das ist ein Prozess, durch den wir wirklich wachsen. Je mehr wir evangelisieren, desto besser gelingt es uns, auf frühere Erfahrungen von Gottes Hilfe und Weisheit in unserem Kampf zurückzugreifen. Das heißt, wir können uns daran erinnern, wie oft wir Angst hatten und uns unzulänglich gefühlt haben, Gott sich aber als fähig erwiesen hat, uns in jeder möglichen und unmöglichen Situation zur Seite zu stehen.

Der ganze Prozess ist wie ein Training. Ich trainiere seit 1995, aber selten ist mir wirklich danach, zum Training nach draußen zu gehen. Ich tue es eigentlich nur, nachdem ich mich an die positiven Auswirkungen erinnere und daran, wie ich mich danach fühle. Das treibt mich an.

Es motiviert mich meinen Mund aufzumachen, wenn ich mir all die Erfahrungen ins Gedächtnis rufe, die ich beim Weitergeben des Evangeliums machen konnte.

Fragen zur Reflexion:

1. Wovor hast du Angst, wenn du Gelegenheit hast, von deinem Glauben zu erzählen?

2. Wie bist du bisher mit diesen Ängsten umgegangen? Hat das geholfen, warum oder warum nicht?

3. Stelle eine Liste passender Bibelverse und biblischer Prinzipien zusammen und beginne, mit deinem Schwert zu üben!

4. Sobald du Fortschritte siehst, lasse jemand anderen an dem, was du gelernt hast, teilhaben!

Gebetsvorschläge:

1. Bitte Gott dir dabei zu helfen, dich auf Ihn auszurichten!

2. Nimm dir Zeit, um Gott für Seine Größe und unsere wunderbare Errettung zu preisen!

3. Bitte darum zu lernen, mehr auf Jesus und Seine Wahrheiten zu hören, anstatt auf deine Ängste!

KAPITEL 9

ZWEIFEL

ZWEIFEL IST SCHON seit dem Garten Eden eine der effektivsten Waffen des Feindes.

In 1. Mose 3,1 fragt die Schlange Eva:

> Sollte Gott wirklich gesagt haben, dass ihr von keinem Baum im Garten essen dürft?

Wir wissen alle, dass Gott nur das Essen *einer* bestimmten Frucht verboten hatte. Warum also stellte die Schlange eine solche Frage? War es vielleicht der Versuch herauszufinden, wie genau Eva Gottes Anweisungen verstanden hatte und sie dazu zu bringen, Gottes Güte anzuzweifeln? Es ist fast so, als würde die Schlange sagen: „Na, ist Gott da nicht ein bisschen zu weit gegangen, ist Er da nicht etwas zu kleinlich? Gott hat nicht dein Bestes im Sinn. Er lässt dich am ausgestreckten Arm verhungern."

Zweifel stellt oft in Frage, ob Gott sich wirklich für uns interessiert und ob Er tatsächlich ein guter Gott ist.

Viele Glaubenshelden sind auf diesem Gebiet versucht worden.

Abraham war fünfundsiebzig Jahre alt, als ihm Gott versprach, ihn zum Vater einer Nation zu machen. Er wusste, dass das nicht eintreten konnte, ohne dass er einen Sohn bekäme (1. Mose 12,1-7). Im Alter von fünfundachtzig, wahrlich kein Wunder, begannen er und Sarah zu zweifeln. Ihre Zweifel brachten sie dazu, den kulturell anerkannten Weg zu gehen, um einen Sohn zu bekommen - über eine zweite Frau oder eine Konkubine (1. Mose 16). Diese Entscheidung, ihren eigenen Weg zu gehen, anstatt Gott zu vertrauen, führte zu jahrelangem Streit in der Familie und zu einem weltweiten Konflikt, der seit fast 4000 Jahren andauert.

Jakob floh vor seinem älteren Zwillingsbruder Esau (1. Mose 27-33). Mit Sicherheit hat er daran gezweifelt, dass er je den Segen erhalten und nach Kanaan zurückkehren könne.

Als Josef in Sklaverei und Gefängnis schmachtete, war er sicherlich versucht, an Gottes Güte ihm gegenüber zu zweifeln und auch daran, dass seine Träume jemals wahr werden würden (1. Mose 37-50).

Als die Israeliten Sklaven in Ägypten waren, haben sie bestimmt daran gezweifelt, ob Gott ihre Gebete überhaupt hört oder ob Ihm genug daran lag sie zu retten. War Gott wirklich in der Lage, sie zu befreien oder würden sie für immer Sklaven bleiben (2. Mose 6,9)?

Während all der Jahre in der Wüste zweifelten die Israeliten immer wieder an Gottes Macht und Stärke, sie von ihren Feinden zu befreien ebenso wie von Hunger und Durst (4. Mose 14,20). Selbst nachdem Er sie in das gelobte Land gebracht hatte, gingen sie oft ihre eigenen Wege und weigerten sich, Gott als König anzuerkennen (1. Sam 8). Sie zogen es vor, Götter anzubeten, die sie sehen konnten, anstatt den unsichtbaren Gott (2. Mose 32). Als der versprochene Retter kam, ignorierten sie alle Beweise und bezweifelten, dass Er Gott war, ja sie kreuzigten Ihn sogar.

1. Zweifel an Gottes Güte und Macht

Hat es im Lauf der Geschichte jemals einen Menschen gegeben, der nicht versucht war, Gottes Güte und/oder Seine Macht zu helfen, anzuzweifeln? Wenn uns etwas Schlimmes passiert, rufen wir: „Warum ich?". Es ist dann ganz leicht zu glauben, dass es Gott nicht interessiert, dass Er uns nicht sieht oder dass Er machtlos ist.

Jeder von uns hat Bereiche, die uns zusetzen: Eltern, die sich ein Kind wünschen, das niemals kommt; ein Single, der sich einen Partner wünscht; jemand, der an chronischen Schmerzen oder Schwäche leidet; Menschen, die einfach keine Arbeit finden; Menschen, die unter häuslicher Gewalt leiden oder mit Alkoholproblemen oder Spielsucht zu tun haben. Die Liste unserer Schwachpunkte ist lang.

Wenn unsere Schmerzen und unser Ringen lange anhalten, liegt es nahe zu fragen, ob wir von Gott bestraft werden oder ob Er uns einfach vergessen hat.

Hier sind einige der Verse und Prinzipien, die du während des Kampfes in der Arena der Zweifel anwenden kannst.

- Wir müssen uns immer wieder an Gottes Macht und Souveränität erinnern. Unser Gott ist der Gott, der das Universum erschaffen hat (1. Mose 1; Ps 8).
- Wir sollten uns auch immer wieder an Gottes Güte und Liebe erinnern, denn Er ist für uns gestorben. Sollte Er uns nicht alles geben (Röm 8,32)?

Psalm 55,23

Wirf dein Anliegen auf den HERRN, und er wird für dich sorgen; er wird den Gerechten in Ewigkeit nicht wanken lassen!

Römer 8,28 und 29

> Wir wissen aber, dass denen, die Gott lieben, alle Dinge zum Besten dienen, denen, die nach dem Vorsatz berufen sind. [und Sein Vorsatz ist]... dem Ebenbild seines Sohnes gleichgestaltet zu werden...

Gott ist nicht hauptsächlich daran interessiert, unser Leben problemlos und leicht zu machen, sondern daran, uns mündig zu machen. JEDE Lebenslage kann von Ihm dazu benutzt werden, uns Jesus ähnlicher zu machen.

Denke über die Geschichten derer nach, die leiden mussten und dennoch weiter vertraut haben. Gute Beispiele dafür sind Josef (1. Mose 37-50) und Hiob.

Wenn du mit der Lebenssituation, in die Gott dich gestellt hat, unzufrieden bist, dann rufe dir Geschichten oder Bibelstellen ins Gedächtnis, die sich damit beschäftigen, dass Gott derjenige ist, der uns all die Sicherheit, Liebe und Anerkennung gibt, die wir brauchen. Zum Beispiel die Stelle, in der Jesus sagt:

> Ich bin das Brot des Lebens. Wer zu mir kommt, den wird nicht hungern, und wer an mich glaubt, den wird niemals dürsten.
>
> (Johannes 6,35)

Seit ich die Kultur des Mittleren Ostens kennengelernt habe, in der Brot ein Hauptnahrungsmittel und Bestandteil jeder Mahlzeit ist, kann ich besser verstehen, was Jesus hier gesagt hat. Er beansprucht selbst das Hauptnahrungsmittel zu sein, ohne das die Menschen nicht satt werden können. Brot war für die jüdische Kultur vor zweitausend Jahren das, was Reis für die Chinesen ist oder Kartoffeln für die Iren. Ohne Brot war man nicht wirklich satt oder hatte nicht das Gefühl, richtig gegessen zu haben. Wir müssen uns daran erinnern, dass Jesus für sich beansprucht, das Einzige zu sein, was wirklich satt macht, und diese Verheißung in Anspruch nehmen, indem wir uns vollständig auf Ihn verlassen. Je mehr wir uns auf Ihn verlassen, desto besser werden wir verstehen wie vertrauenswürdig Er ist.

2. Zweifel an der Wahrheit des Evangeliums

Ich wurde einmal gebeten, eine Universitätsstudentin zu beraten, die schwere Zweifel an der Wahrheit des Evangeliums hegte, obwohl sie schon mehrere Jahre lang Christin war. Sie hatte begonnen, sich zu fragen, ob sie an eine Lüge glaubte. Ich traf mich einige Male mit ihr und ging mit ihr die Bibelstellen durch, die die geschichtliche Glaubwürdigkeit der biblischen Aussagen und der Auferstehung belegen. Ich versuchte, auf alle ihre Zweifel einzugehen. Ich bin allerdings nicht überzeugt, dass die ganze Sache ihr in irgendeiner Form geholfen hat, weil ich zu dem Zeitpunkt viele der Lektionen aus diesem Buch noch nicht gelernt hatte.

Wenn ich diese Gelegenheit noch einmal hätte, würde ich sie ermutigen, Verse, die das Evangelium zusammenfassen, auswendig zu lernen und sich zweimal täglich vor zu sagen. Zu diesen zähle ich:

a) Gottes Charakter und Schöpfung

Offenbarung 4,11

Würdig bist du, o Herr, zu empfangen den Ruhm und die Ehre und die Macht; denn du hast alle Dinge geschaffen, und durch deinen Willen sind sie und wurden sie geschaffen!

Psalm 19,2–3

Die Himmel erzählen die Herrlichkeit Gottes, und die Ausdehnung verkündigt das Werk seiner Hände. Es fließt die Rede Tag für Tag, Nacht für Nacht tut sich die Botschaft kund.

b) Unsere Rebellion und unser Hauptproblem

Jeremia 17,9

Überaus trügerisch ist das Herz und bösartig; wer kann es ergründen?

Römer 3,10–11

Es ist keiner gerecht, auch nicht einer; es ist keiner, der verständig ist, der nach Gott fragt ...

Römer 3,23

Denn alle haben gesündigt und verfehlen die Herrlichkeit, die sie vor Gott haben sollten ...

c) Was Jesus über sich selbst sagt

Schaue dir einige Geschichten an, die von Seiner Autorität über Krankheiten reden (Mk 5,21 ff.), über Dämonen (Mk 5,1-20), über die

Natur (Mk 4,35-41), über Sünde (Mk 2,1-12) und über den Tod (Joh 11).

Schaue dir auch die „Ich bin"-Aussagen Jesu im Evangelium des Johannes im Kontext an (Brot - Joh 6,35, Licht - Joh 8,12, Tür - Joh 10,7 ff., Hirte - Joh 10,11 ff., Weg, Wahrheit, Leben - Joh 14,6, Weinstock - Joh 15,1;5)!

d) Warum Jesus sterben und wiederauferstehen musste und was Sein Tod bewirkte

Obwohl ich nichts über den Schwertkampf wusste, als man mich um ein Treffen mit der zuvor erwähnten Studentin bat, bin ich durch Zufall auf eine andere Anwendung genau dieses Prinzips gestoßen. Anstatt sie zu motivieren, Bibelverse zu lernen, hatte ich ihr vorgeschlagen, dass sie und eine motivierte christliche Freundin sich einige Nichtchristen suchen sollten, um mit ihnen eine Art Kurs zu starten, in dem sie das Evangelium auf den Prüfstand stellen sollten. Genau das tat sie und ich war überrascht, wie schnell ihre Zweifel verflogen waren. Indem sie gezwungen war, sich mit den Fragen ihrer nichtchristlichen Kommilitonen auseinanderzusetzen, musste sie sich selber mit dem Evangelium und den biblischen Aussagen beschäftigen. Sie las außerdem alle vier Evangelien noch einmal. Die andauernde Wiederholung der Wahrheiten des Evangeliums brachten sie dazu, diese selbst wieder zu glauben.

Seitdem habe ich Menschen, die am Evangelium zweifeln, als Teil der Problemlösung vorgeschlagen, sich evangelistisch zu betätigen.

3. Zweifel an Gottes Macht

Anstatt nur einzelne Verse zu betrachten, kann es sich lohnen, Beispiele in der Bibel zu finden. In Zeiten, in denen sich die Israeliten neuen Herausforderungen oder Schwierigkeiten stellen mussten, erinnerten sie ihre Anführer an Gottes große Macht, die sich immer wieder in der Geschichte Seines Volkes gezeigt hatte. Das fünfte Buch

Mose handelt beispielsweise davon, wie Mose die Geschichte Israels Revue passieren lässt, bevor er stirbt, und dass Josua die Aufgabe übernimmt, das Volk ins gelobte Land zu führen. Samuel gibt ebenfalls einen Rückblick, als Saul zum König gesalbt wird und Samuel dem Volk Israel empfiehlt, Gott mehr zu gehorchen als einem irdischen König (1. Sam 12,6 ff.).

Andere Erzählungen, die wir betrachten können, sind der Schöpfungsbericht aus 1. Mose (meditiere darüber, wie wunderbar er ist), der Auszug des Volkes Israel aus Ägypten (2. Mose 1-20), die Evangelien und die Apostelgeschichte.

4. Zweifel daran, dass Gott Gebete erhört

Manchmal zweifeln wir daran, dass Gott uns hört, weil unser Gebet nicht sofort erhört wird oder weil Gott nicht so antwortet, wie wir das erwarten. Das kann verschiedene Gründe haben.

a) Gott antwortet , aber nicht zum erwarteten Zeitpunkt

Es gibt viele Geschichten und Textabschnitte über verspätete Antworten auf Gebete. In 2. Mose z. B. errettet Gott die Israeliten nicht sofort aus der Sklaverei. Auch nachdem Er Mose als Befreier geschickt hat, errettet Gott Sein Volk nicht sofort. Tatsächlich müssen sie noch ganze zehn Plagen und deren Konsequenzen ertragen.

Warum hat sich Gott wohl so viel Zeit gelassen zu antworten? War Gott schwerhörig oder vergesslich? Oder lag es daran, dass Er einen größeren Plan hatte und auch einige Ägypter retten wollte? Während der siebten Plage (2. Mose 9,13-28) entgingen einige Ägypter dem Hagel, weil sie gelernt hatten, den Herrn zu fürchten. Aus Ehrfurcht vor Gott brachten sie ihre Sklaven und ihr Vieh in Sicherheit, als sie die Warnung vor der kommenden Plage vernahmen.

2. Mose 9,15 und 16 sagt außerdem sehr deutlich, was Gott erreichen wollte:

> Denn ich hätte meine Hand schon ausstrecken und dich und dein Volk mit der Pest schlagen können, dass du von der Erde vertilgt worden wärst; aber ich habe dich eben dazu bestehen lassen, dass ich an dir meine Macht erweise und dass mein Name verkündigt werde auf der ganzen Erde.

Gott wollte nicht nur die Israeliten retten, sondern auch einige Ägypter und noch weitere Personen. Wir wissen, dass Rahab Gott aufgrund der Plagen in Ägypten vertraute (Jos 2,9-11), genauso wie die Gibeoniter (Jos 9,24-25).

Wenn uns Gott in unserer Situation warten lässt, könnte es eventuell sein, dass Er einen größeren Plan verfolgt?

b) Gott sagt Nein, weil unsere Gebete selbstsüchtig sind

Ein anderer Grund dafür, dass unsere Gebete nicht erhört werden, ist, dass sie selbstsüchtig sind und nicht Gottes Willen entsprechen. Gott ist genauso wenig bereit, unseren törichten Anfragen nachzugeben, wie ein guter Vater seinem Zweijährigen kein scharfes Messer in die Hand geben würde, nur weil das Kind ihn darum bittet. Wenn ich Gott bitte, mir etwas zu geben, das letztendlich mir und meiner Beziehung zu Gott schadet, warum sollte ich es Ihm übelnehmen, wenn Er es mir verweigert?

c) Unsere Gebete sind nicht spezifisch genug

Manchmal sind unsere Gebete sehr vage. Diese „Gott segne Oma"-Gebete machen es schwer, festzustellen, wann sie tatsächlich erhört wurden. Ich habe gelernt, spezifischer zu beten, seit ich ein Gebetstagebuch führe. Ich schrieb das Datum auf, an dem ich anfing zu beten und auch das Datum, an dem das Gebet mit einem Ja oder Nein beantwortet wurde. Ich habe viel gelernt, als ich genauer darüber nachdachte, warum Gott so antwortete, wie Er es tat. Ich habe auch eine Art Gebet herausgefunden, die Gott voller Freude erhört und gewöhnte mir an, mehr auf diese Art zu beten.

Der Umgang mit dem Zweifel, ob Gott Gebete erhört, ist im Studium der biblischen Geschichten zu finden und auch darin, uns selbst danach auszustrecken, mehr von der Art Gebete zu beten, die Gott gerne erhört.

Fragen zur Reflexion:

1. Welche Bereiche von Gottes Wort oder Charakter bist du geneigt anzuzweifeln?

2. Welche speziellen Verse oder Prinzipien könntest du anwenden, um diesen Zweifeln zu begegnen? Schreibe sie auf und lese sie immer wieder!

Gebetsvorschläge:

1. Tu Buße für deine Zweifel!

2. Preise Gott für Seine Vertrauenswürdigkeit und Seinen Charakter!

3. Gehe ins Gebet und antworte auf die Verse, die du dir ausgesucht hast! Bitte Gott, dir dabei zu helfen, Ihm zu vertrauen!

4. Beginne ein Gebetstagebuch!

KAPITEL 10

SCHULD

KÖNIG DAVID WAR EIN MANN, dessen Gefühle für jeden sichtbar gemacht wurden. Die Psalmen, die er schrieb, sind seit 3000 Jahren Allgemeingut. Nachdem er Gott Jahrzehnte lang treu gedient hatte, beging er mit Batseba Ehebruch und ließ ihren Ehemann Uria ermorden, um seine Sünde zu vertuschen, und dennoch schien er keine Schuld zu empfinden. Welch ein Selbstbetrug! Erst als Gott den Propheten Nathan zu David schickte, um ihm eine Geschichte zu erzählen, bekam David schließlich Schuldgefühle. Gesunde Schuld führt uns hin zur Buße (2. Sam 12).

Welch ein Segen, dass Davids Bußgebet in Psalm 51 für uns aufgeschrieben wurde. Es ist ein brutal ehrliches Gebet. Ein Gebet, weit davon entfernt eine einfache Entschuldigung oder eine falsche Buße zu sein, weil David sich einfach nur besser fühlen wollte. Es ist auch weit entfernt von dem Versuch, Gott dahingehend zu manipulieren, die Auswirkungen der Sünde zu verringern. Es ist das Gebet eines Mannes, der das Ausmaß seiner Sünde erkennt.

Obwohl er gegen Uria, Batseba, das Volk Israel und sein ungeborenes Kind gesündigt hat, erkennt David, dass am Ende jede Sünde eine direkte Rebellion gegen Gott ist. Dies wird sehr deutlich, wenn er sagt:

> An dir allein habe ich gesündigt und getan, was böse ist in deinen Augen ...
>
> (Ps 51,6)

Er geht zu Gott, nicht als König von Israel, sondern als ein sündiger Mann, der Gott nichts Gutes vorweisen kann und stattdessen um Gottes unverdiente Gnade flehen muss. Er gibt zu, dass Gott das volle Recht hätte ihn zu verurteilen. Erst nachdem David von seiner eigenen Boshaftigkeit gesprochen hat, erfleht er Gottes Vergebung. Er weiß, dass das Ausgeschlossen sein von Gottes Gegenwart die schlimmste Bestrafung wäre (Ps 51,13). Er weiß genau, dass Gott von einer Zurschaustellung religiöser Rituale nicht beeindruckt ist, sondern nur von tief empfundener Trauer, von Schuldbekenntnis und Demut (Ps 51,18-19).

Unser Gewissen ist ein seltsames Ding. Es ist uns von Gott gegeben, um uns zu helfen, den Unterschied zwischen Richtig und Falsch zu erkennen, aber wir scheinen nicht alle gleich empfindlich für Seine Führung zu sein (Röm 2,15). Wir können unser Gewissen ignorieren und je öfter wir das tun, desto unempfindlicher wird es. An Davids Beispiel sehen wir, dass nicht einmal Ehebruch und Mord sein Gewissen zu belasten schienen. Andererseits sind wir vielleicht überempfindlich und fühlen uns schuldig, obwohl wir nicht schuldig wurden. Oder wir fühlen uns aus falschen Gründen schuldig und übersehen dabei, wo die wirkliche Sünde liegt.

Unser Feind gibt nicht auf. Er liebt es, uns davon zu überzeugen, dass unsere Sünde zu groß ist, als dass sie von Gott vergeben werden könnte (und dass wir deswegen mit unserer Schuld leben müssen), also kehren wir nicht wirklich um. Oder, nachdem wir Buße getan haben, lässt er nicht locker, uns an unsere Sünde zu erinnern, so dass wir uns weiterhin schuldig fühlen.

Wir machen Satan die Sache leichter, weil so viele von uns falsche Ansichten von Gott haben. Wir stellen uns Gott entweder als furchteinflößenden Richter vor, der uns verdammt, oder als so liebevoll und nachsichtig mit uns und unseren Schwächen, dass es keinen Grund zur Umkehr gibt.

Diese gegensätzlichen Vorstellungen enthalten genug Wahrheit über unseren Gott und sind doch mächtige Lügen. Beide erreichen Satans Ziel, uns so weit zu bringen, dass wir mit unserer Schuld nicht mehr klarkommen. Ja, Gott ist ein liebender Gott, aber es ist keine seichte Liebe, die sich nicht um unsere Sünde kümmert oder sie als unwichtig abtut. Stattdessen ist es eine Liebe, die Jesus dazu brachte, unsere Strafe auf sich zu nehmen - erledigt, ein für alle Mal und bis in alle Ewigkeit. Und ja, Gott ist ein Richter und Er wird furchteinflößend sein für alle, die Ihn nicht kennen. Aber für diejenigen unter uns, die Seine Kinder sind, werden Sein Urteil und Seine Liebe zusammenkommen und uns ein warmes Willkommen und Vergebung zukommen lassen.

Vor mehr als fünfzehn Jahren war ich Teil eines Kurzzeit-Missions-Teams, das auf die äußeren taiwanesischen Inseln geschickt wurde. Ich teilte mir ein Zimmer mit einem örtlichen taiwanesischen Teammitglied. Am Morgen fragte ich sie höflich, wie sie geschlafen habe. Sie sagte, sie habe schlecht geschlafen, aber das sei ja immer so, weil sie furchtbare Albträume habe.

Ich fragte sie, wie lange sie dieses Problem schon habe, woraufhin sie mir antwortete, seit acht Jahren. Sofort fragte ich, was denn acht Jahre zuvor passiert sei. Sie erzählte mir, dass sie eine Sünde begangen habe, die Gott nicht vergeben könne.

Ich fuhr fort, Fragen zu stellen und bat Gott mir zu zeigen, was wirklich los war. Sie sagte, anfangs habe sie nur Albträume gehabt, aber bald auch Ängste und andere Probleme, die in ihrem Leben zunahmen. Zuerst begann sie, nachts mit Licht zu schlafen, was sowohl ihren als auch den Schlaf ihres Mannes störte. Dann holte sie ihre Kinder zum Schlafen ins Elternschlafzimmer, um sich sicherer zu fühlen, was natürlich die Beziehung zu ihrem Ehemann beeinträchtigte.

Da sagte ich zu ihr: „Ich vermute, dass Ihre Kinder alle möglichen Ängste haben, zum Beispiel vor der Dunkelheit." Sie fragte sich, woher ich das wisse, und ich erklärte ihr, dass sie ihren Kindern indirekt beigebracht hatte, sich zu fürchten.

Als ich sie traf, war diese Frau gefangen genommen von Furcht, Hoffnungslosigkeit und einem geringen Selbstwertgefühl in solch einem Ausmaß, dass sie überhaupt nicht mehr von Jesus erzählen konnte. Sie hatte gehofft, die Missionsarbeit würde ihre Probleme lösen. Ich erklärte ihr, dass sie zur Lösung ihres Problems das zugrunde liegende Problem angehen müsse; nämlich die Annahme, eine Sünde begangen zu haben, die Gott nicht vergeben könne.

Nachdem wir über das Schwert des Geistes gesprochen hatten, beschäftigten wir uns mit dem, was Gottes Wort über Vergebung sagt. Hier sind einige der Verse, die wir anschauten.

1. Johannes 1,9

Wenn wir aber unsere Sünden bekennen, so ist er treu und gerecht, dass er uns die Sünden vergibt und uns reinigt von aller Ungerechtigkeit.

Ich bat sie, den Vers laut zu lesen und mir zu sagen, was er bedeutete. Ich fragte sie, ob sie ihre Sünde bekannt hätte und sie sagte, dass sie das viele Male getan hätte, aber noch nie das Gefühl gehabt habe, dass ihr vergeben sei. Ich fragte sie erneut, was der Vers bedeutete. Wieder sagte sie es mir und ich fragte sie, ob sie Satans Anschuldigungen Glauben schenken wolle („Gott kann mir diese Sünde niemals vergeben.") oder Gottes Wort („... dass er uns die Sünden vergibt und uns reinigt von aller Ungerechtigkeit").

Psalm 103,12

> So fern der Osten ist vom Westen, hat er unsere Übertretungen von uns entfernt.

Wir besprachen diesen Vers ausführlich und sie verstand, dass Gott ihr nicht nur vergeben, sondern ihr diese Sünde auch nie wieder vorhalten würde. Selbst wenn sie dieselbe Sünde erneut begehen sollte, würde Gott ihr genauso vergeben, so wie Er es beim ersten Mal getan hatte. Wenn diese Sünde ihr also immer wieder in den Sinn kam, war nicht Gott die Ursache dafür.

- Wir sprachen über das Prinzip des „ein für alle Mal" (Hebr 10,1-14), das besagt, dass Jesu Tod mehr als ausreichend ist, um sie von ihren Sünden zu reinigen.
- Wir sprachen auch kurz über die Art der Sünde, die nicht vergeben werden kann (Mt 12,31) und ich versicherte ihr, dass sie diese unverzeihliche Sünde nicht begangen haben konnte, denn sie suchte ja nach Vergebung.

Weil diese Frau sich entschieden hatte, Satans Lügen in einem Bereich ihres Lebens zu glauben, hatten diese Lügen begonnen, sich in anderen Bereichen ihres Lebens auszubreiten und sie zu beeinträchtigen. Nachdem wir uns des zugrunde liegenden Problems angenommen hatten (Zweifel an Gottes Zusage der Vergebung und die daraus folgenden falschen Schuldgefühle), konnten wir auch die Folgen davon angehen, nämlich ihre Ängste. Zum ersten Mal seit Jahren schlief sie daraufhin gut und hatte am nächsten Tag sogar den Mut, von ihrem Glauben zu sprechen.

Susan wurde schwanger bevor sie verheiratet war. Obwohl sie Buße getan hatte, was den vorehelichen Sex anging, wurde sie immer noch von Schuldgefühlen geplagt. Diese Schuldgefühle beeinträchtigten die Beziehung zu ihrem Verlobten und ihre Haltung gegenüber dem ungeborenen Kind. Außerdem fühlte sie sich von Gott getrennt und plagte sich unaufhörlich mit Selbstvorwürfen.

Nachdem wir den Hintergrund des Schwertkampfes besprochen hatten, kamen wir auf folgende Verse und Ideen.

Lukas 15,11–32

Wir sprachen über das Gleichnis vom Verlorenen Sohn und darüber, welche Art von Vater unser Gott ist. Ich wollte, dass sie zu der Überzeugung gelangte, dass Gott immer auf unser Zurückkommen zu Ihm wartet und Er uns voller Freude, Annahme und Liebe willkommen heißt, ohne jegliche Vorwürfe oder ein „Ich hab's dir ja gleich gesagt".

Wir gingen noch einmal durch Bibelverse (s.o. sowie 1. Joh 1,9 und Ps 103,12), die Gottes Versprechen hervorheben, unsere Sünden zu vergeben und wegzunehmen.

Dann sprachen wir ausführlich darüber, warum Satan Interesse daran hat, dass sie sich schuldig fühlt und glaubt, Gott hätte ihr nicht vergeben. Wir besprachen auch die Konsequenzen davon, Satans Lügen Glauben zu schenken und wie negativ sich das auf ihre Ehe, die Beziehung zu ihren Kindern und zu der Gemeinde etc. auswirken würde.

Weitere biblische Zusagen, die für jemanden wie Susan wichtig sein könnten, sind z. B.:

Römer 8,31–34

… Ist Gott für uns, wer kann gegen uns sein? Er, der sogar seinen eigenen Sohn nicht verschont hat, sondern ihn für uns alle dahingegeben hat, wie sollte er uns mit ihm nicht auch alles schenken? Wer will gegen die Auserwählten Gottes Anklage erheben? Gott [ist es doch], der rechtfertigt! Wer will verurteilen? …

Nur aufgrund von Jesu Tod und Auferstehung können uns unsere Sünden vergeben werden. Sein Tod hat das allgegenwärtige Problem der Sünde und ihrer Folgen, wie Tod, Schuld, Gebunden-Sein unter der Macht der Sünde und anderes, ein für alle Mal gelöst.

2. Korinther 1,3b–4

> ... Gott alles Trostes, der uns tröstet in all unserer Bedrängnis, damit wir die trösten können, die in allerlei Bedrängnis sind, durch den Trost, mit dem wir selbst von Gott getröstet werden.

Zum Schluss sprachen wir darüber, wie Gott sogar aus unserer Sünde noch Gutes hervorbringen kann. Was sie aus ihrem moralischen Versagen gelernt hatte, würde sie künftig in ihrem geistlichen Dienst anwenden können. Für Gott ist unsere Vergangenheit nicht vergeblich, sondern Er verändert uns und gebraucht unsere Erfahrungen zur Warnung und Ermutigung anderer. Diese Verse erfüllten Susan mit großer Hoffnung, die ihre Verzweiflung wegnahm.

Die Auseinandersetzung mit falschen Schuldgefühlen ist selten mit einem Mal getan, denn Satan bringt die gleichen Themen immer wieder auf den Tisch. Die Lösung ist zum Glück immer dieselbe. Genau wie Susan müssen wir uns immer wieder an die Vergebung erinnern, die durch Jesu Tod am Kreuz für uns erwirkt wurde; aber auch an Gottes Versprechen und uns bewusst dafür entscheiden, diesen zu glauben.

Ganz bestimmt fühlen viele Menschen sich schuldig im Hinblick auf ihr Leben, bevor sie Christen wurden. Hatte Paulus Schwierigkeiten damit? Er hatte die Christen mit aller Härte verfolgt, bevor er auf der Straße nach Damaskus zum Glauben kam. Er muss gegen Schuldgefühle gekämpft haben, während Satan versuchte, seinen erfolgreichen Dienst zu sabotieren.

Hier einige weitere Verse, die dir helfen können, mit Schuld umzugehen:

Psalm 130,3–4

Wenn du, o HERR, Sünden anrechnest, Herr, wer kann bestehen? Aber bei dir ist die Vergebung, damit man dich fürchte.

Römer 8,1–2

So gibt es jetzt keine Verdammnis mehr für die, welche in Christus Jesus sind ... Denn das Gesetz des Geistes des Lebens in Christus Jesus hat mich frei gemacht von dem Gesetz der Sünde und des Todes.

1. Korinther 6,11

Und solche sind etliche von euch gewesen; aber ihr seid abgewaschen, ihr seid geheiligt, ihr seid gerechtfertigt worden in dem Namen des Herrn Jesus und in dem Geist unseres Gottes!

Epheser 3,12

... in dem wir die Freimütigkeit und den Zugang haben in Zuversicht durch den Glauben an ihn.

Hebräer 10,22

So lasst uns hinzutreten mit wahrhaftigem Herzen, in völliger Gewissheit des Glaubens, durch Besprengung der Herzen los vom bösen Gewissen und am Leib gewaschen mit reinem Wasser.

Fragen zur Reflexion:

1. Hast du irgendwelche Sünden begangen, für die du um Vergebung gebeten hast, aber an die dich Satan trotzdem immer noch erinnert? Wie hat das dein Leben beeinflusst?

2. Welche Verse oder Prinzipien würden dir in dieser Situation am besten helfen? Schreibe sie auf und fange an, sie in deinem Schwertkampf einzusetzen.

Gebetsvorschläge:

1. Tu Buße darüber, dass du Gottes Versprechen keinen Glauben geschenkt hast!

2. Danke Jesus für Seine Erlösung und bitte Ihn um Kraft, auch weiterhin auf Gottes Wort vertrauen zu können!

KAPITEL 11

UNZUCHT

Wenn man sich vor vierzig Jahren Pornografie anschauen wollte, kostete das Geld und Mühe. Dank des Internets, Smartphones und auch dem Fernsehen und der Werbung werden wir heutzutage mit pornografischen Bildern geradezu bombardiert. Es ist fast unmöglich, ihnen zu entkommen.

Von der Pornografie oder selbst von der freizügigen Kleidung, die man in der Öffentlichkeit sieht, ist es nur ein kleiner Schritt und die Fantasie kommt in Gang. Je mehr wir unseren Gedanken erlauben, sich mit unreinen Dingen zu beschäftigen, desto leichter können diese Gedanken in Taten umgesetzt werden.

Wieder ist die Geschichte von König David ein deutliches Beispiel dafür. König David war „ein Mann nach dem Herzen Gottes" (1. Sam 13,14) und dennoch beging er Ehebruch und veranlasste danach den Mord an Batsebas Mann, um seine Sünde zu verbergen.

Wie konnte jemand so weit von Gottes Verhaltensnormen abkommen? Wie in den meisten Geschichten über diese Art der Unmoral ist das nicht plötzlich passiert. Wenn man David als jungen Mann gefragt hätte, ob er zu einem Ehebrecher und Mörder werden würde, hätte er mit einem schockierten „Niemals!" geantwortet. Die Sünde nahm ihren Anfang mit kleinen Schritten, die zu Kompromissen führten und zu einer stückweisen Entfernung von Gott, bis schließlich das „Unmögliche" geschah.

In Davids Fall hat man den Eindruck, dass er seiner königlichen Pflicht, seine Männer im Krieg anzuführen, nicht nachkam (2. Sam 11,1). Er hatte zu viel freie Zeit und anstatt sie weise zu nutzen, verbrachte er sie damit, auf seinem Dach umher zu spazieren. Er muss gewusst haben, dass er von seinem (vermutlich höheren) Dach Frauen beim Baden beobachten konnte. Sobald er Batseba gesehen hatte, fing er damit an, über sie nachzudenken und dann auch Informationen über sie einzuholen. Danach missbrauchte er seine Macht, ließ nach ihr schicken und schlief mit ihr. Er hätte der Versuchung zu jedem Zeitpunkt widerstehen können, aber stattdessen entfernte er sich schleichend weiter und weiter von Gottes Prinzipien. Schließlich wurde Batseba schwanger und David versuchte das zu vertuschen, indem er ihren Mann, Uria, von der Front nach Hause befahl. Aber Uria war ein derart rechtschaffener Mann, dass er nicht nach Hause zu seiner Frau ging, solange das keinem der anderen Soldaten erlaubt war.

David wünschte sich so verzweifelt, dass Uria mit seiner Frau schlief, um den Anschein zu erwecken das Kind sei sein eigenes, dass er Uria betrunken machte. Aber selbst dann noch gab Uria Gott die Ehre und weigerte sich, nach Hause zu seiner Frau zu gehen.

David entfernte sich schließlich völlig von Gott, als er seinen General damit beauftragte, dafür zu sorgen, dass Uria umkäme. Dann heiratete David Batseba schnell, bevor ihre Schwangerschaft sichtbar wurde und die Leute eins und eins zusammen zählen konnten (V. 27).

David hatte sein Gewissen absolut zum Schweigen gebracht. Die Geschichte, die der von Gott gesandte Prophet Nathan ihm erzählte, um ihn mit seiner Schuld zu konfrontieren (für uns sehr offensichtlich), bewirkte bei David rein gar nichts. Er hatte so überhaupt keine Ahnung davon, dass Nathan über ihn sprach. Deshalb sagte David ganz unbedarft: „Der Mann, der dies getan hat, ist des Todes!". Erst als Nathan sagte: „Du bist der Mann!" (2. Sam 12,7), verstand David, dass das, was er getan hatte, sowohl richtig schlecht gewesen war, als auch die völlige Verleugnung seiner Stellung als Kind Gottes bedeutete.

Davids Geschichte hallt nach, weil es so viele Menschen gibt, die ähnliche Dinge getan haben, zumindest was Unzucht und Ehebruch angeht. Alle, mit denen ich darüber gesprochen habe, bestätigten, dass die Sünde in ihren Gedanken begann, sich von dort langsam ausbreitete, bis schließlich aus den Gedanken Handlungen wurden.

Ich wünschte, ich hätte nur eine einzige Geschichte, um das zu veranschaulichen. Traurig aber wahr kann vermutlich jeder von uns mehrere Beispiele für diese Art von Sünde aufzählen, die erst mit unreinen Gedanken beginnt, dann unsere Fantasie beflügelt und schließlich zu sexuellen Handlungen führt. Eine zusätzliche Instrumentalisierung anderer Menschen sowie eine Verflechtung mit Gewalt sind dann in manchen Fällen nur noch einen kleinen Schritt weit entfernt.

Sexuelle Sünden laufen nun mal nach diesem Schema ab: von den Augen zu den Gedanken hin zur Handlung.

Satan will uns liebend gern dazu bringen zu glauben „Das könnte mir nie passieren." Lass dich nicht in diese Falle locken.

Unzucht zerstört Familien genauso wie geistliche Dienste und bringt Gott große Unehre. Deswegen muss ihr schon beim ersten Gedanken Einhalt geboten werden. Lasst uns nicht der Selbsttäuschung erliegen und meinen, wir hätten die Situation unter Kontrolle und könnten uns darauf beschränken, über unzüchtige Dinge einfach nur nachzudenken.

Jeder junge Christ sollte darin unterwiesen werden, wie er mit Unzucht umzugehen hat. Es mag uns in Verlegenheit bringen, ein solches Thema anzusprechen, aber es muss getan werden, um uns und Gottes Ruf zu schützen. Wenn ein Christ in diesem Bereich in Sünde fällt, hat das enorme Auswirkungen auf andere. Christen werden entmutigt und enttäuscht und Nichtchristen nehmen das zum Anlass, Christen zu verspotten: „Siehst du, du bist genauso (oder sogar schlechter, weil du behauptest besser zu sein) wie wir."

Bei all den Problemen, die in diesem Buch angesprochen werden, wäre es eine große Hilfe jemanden zu haben, dem man Rechenschaft gibt. Dies gilt jedoch besonders für das Problem der Unzucht. Wir müssen jemanden finden, dem wir zutrauen, dass er uns die wirklich schweren Fragen stellt, nämlich, wie wir in diesem Bereich zurecht kommen. Beide Personen brauchen die Gebete des jeweils anderen und beide brauchen Hilfe, um im Schwertkampf nicht nachzulassen.

Nachfolgend einige hilfreiche Anstöße zur Meditation:

Reflektiere ausgiebig über Gottes Charakter als heiliger Gott. 2. Mose 19 ist eine Kernaussage über die Heiligkeit Gottes. Wie wichtig ist es, Ihn zu fürchten und Ihm mit der Ehrfurcht zu begegnen, die Ihm gebührt. Je besser wir Gottes Heiligkeit verstehen, desto weniger werden wir es wagen, uns unreinen Gedanken oder Verhaltensweisen hinzugeben. Wenn wir uns Ihm nähern, wird das „verzehrende Feuer" (5. Mose 4,24; Hebr 12,29) den Unrat unserer Unreinheiten verzehren.

Matthäus 5,27–29

> Ihr habt gehört, dass zu den Alten gesagt ist: »Du sollst nicht ehebrechen!«. Ich aber sage euch: Wer eine Frau ansieht, um sie zu begehren, der hat in seinem Herzen schon Ehebruch mit ihr begangen. Wenn dir aber dein rechtes Auge ein Anstoß [zur Sünde] wird, so reiß es aus und wirf es von dir! Denn es ist besser für dich, dass eines deiner Glieder verlorengeht, als dass dein ganzer Leib in die Hölle geworfen wird.

Diese Verse erinnern uns daran, wie ernst Gott nicht nur Ehebruch, sondern auch Begierde nimmt. Wir sollen sofort zur Tat schreiten und jeden Gedanken gefangen nehmen, anstatt uns mit unreinen Dingen zu beschäftigen. Begierde ist die Wurzel des Problems. Wenn wir die Begierde nicht in ihre Schranken weisen, dann sind, ohne Gottes gnädiges Eingreifen, größere Unreinheit und sogar Ehebruch kaum noch zu vermeiden. Wir müssen die Sünde der Begierde erbarmungslos ausreißen, bevor sie Wurzeln schlagen und wachsen kann.

Nicht nur Gott ist heilig, sondern immer wieder werden wir darauf hingewiesen, dass Er auch uns zur Heiligkeit berufen hat (3. Mose 11,44; 1. Kor 3,17; Eph 1,4; Kol 1,22). Das heißt, wir sind abgesondert, um rein zu sein; um anders zu sein als alle anderen um uns herum, in Gedanken und Worten. Reine Gedanken, reine Worte, reine Handlungen. Wir könnten auch darüber nachdenken, welche Auswirkungen es hat, in diesem Bereich zu versagen; es könnte zum Beispiel sein, dass Nichtchristen aufgrund unseres schlechten Zeugnisses und der Unehre, die wir Jesu Namen bringen, daran gehindert werden, zu Christus zu kommen.

Vielleicht meditierst du einmal über einen Vers wie 1. Petrus 2,9, der uns daran erinnert, wer wir sind und warum wir allen Grund haben, nicht in Unzucht abzugleiten. Wir haben eine hohe Berufung zu erfüllen.

Ihr aber seid ein auserwähltes Geschlecht, ein königliches Priestertum, ein heiliges Volk, ein Volk des Eigentums, damit ihr die Tugenden dessen verkündet, der euch aus der Finsternis berufen hat zu seinem wunderbaren Licht.

---

1. Petrus 1,18–19

Denn ihr wisst ja, dass ihr nicht mit vergänglichen Dingen, mit Silber oder Gold, losgekauft worden seid aus eurem nichtigen, von den Vätern überlieferten Wandel, sondern mit dem kostbaren Blut des Christus als eines makellosen und unbefleckten Lammes.

Je mehr wir darüber nachdenken, was es Gott gekostet hat uns zu erlösen, umso mehr würden wir uns schämen und davor hüten, mit diesem Opfer nachlässig umzugehen.

1. Korinther 6,18–20

> Flieht die Unzucht! Jede Sünde, die ein Mensch [sonst] begeht, ist außerhalb des Leibes; wer aber Unzucht verübt, sündigt an seinem eigenen Leib. Oder wisst ihr nicht, dass euer Leib ein Tempel des in euch wohnenden Heiligen Geistes ist, den ihr von Gott empfangen habt, und dass ihr nicht euch selbst gehört? Denn ihr seid teuer erkauft; darum verherrlicht Gott in eurem Leib und in eurem Geist, die Gott gehören!

Dies sind die abschließenden Worte einer langen Erörterung von Paulus darüber, sexuell rein zu bleiben. Er argumentiert dahingehend, dass eine sexuelle Beziehung mit jemandem bedeutet, mit ihm eins zu werden. Dies mit irgendjemand anderem als dem Ehepartner zu tun, heißt, nicht nur sich selber, sondern auch Gott (weil der Heilige Geist in uns wohnt) mit dieser Person zu vereinigen. Der Gedanke allein sollte uns schon abstoßen.

Paulus legt auch dar, dass sexuelle Unmoral eine Sünde ist, die sogar unserem Körper schädigt. Um uns davon zu überzeugen, brauchen wir uns keine Statistiken über ungewollte Schwangerschaften, Abtreibungen, Geschlechtskrankheiten und die psychischen Auswirkungen anzusehen. Niemand kann sich ohne Konsequenzen in sexuelle Unmoral verstricken, denn Gott hat es so eingerichtet, dass Sex in einer liebevollen Ehe ausgelebt werden soll. Wir ignorieren die Anweisungen des Schöpfers auf eigene Gefahr und zahlen dann den Preis dafür.

Unser Körper sollte außerdem rein gehalten werden, weil er der Wohnsitz des Geistes Gottes ist. Wir sollten ihn so kleiden und gebrauchen, dass er Gott Ehre macht.

Epheser 4,22–5,20 drängt uns, alles abzulegen, was zu unserer alten Natur gehört, und stattdessen die neue Natur anzuziehen. Zur alten Natur gehören sexuelle Unreinheit, Obszönität und schlüpfrige Witze. All das wird uns nicht nur schädigen und unsere Gedanken zur Unzucht führen, sondern auch andere ermutigen, dasselbe zu tun. Stattdessen sollen wir jede Art von hilfreichen Worten „anziehen", die gut sind zur „Erbauung" anderer und „den Hörern Gnade bringen" (Eph 4,29).

Überlege dir einmal, welchen Unterschied wir machen könnten, wenn wir andere immer ermutigen würden und aufbauende Worte für sie hätten. Ich bin mir sicher, dass ein solches Verhalten schnell auffallen würde und sich dadurch Gelegenheiten ergeben würden, über den Grund dafür ins Gespräch zu kommen.

2. Timotheus 2,22

> So fliehe nun die jugendlichen Lüste, jage aber der Gerechtigkeit, dem Glauben, der Liebe, dem Frieden nach zusammen mit denen, die den Herrn aus reinem Herzen anrufen!

Paulus war ein Realist, selbst wenn er mit hingegebenen Nachfolgern Jesu wie Timotheus sprach. Er wusste, dass unzüchtige Gedanken normal sind und dass Timotheus mit diesem Problem genauso zu kämpfen hatte wie jeder andere Mensch. Er ermahnt ihn zu „fliehen", ein Wort, das zeigt, wie verzweifelt hart dieser Kampf ist. Diese Ermahnung bedeutet demzufolge, alles zu vermeiden, was zu unzüchtigen Gedanken führen könnte.

Für mich persönlich heißt das, viele Filme, Fernsehserien, Frauenzeitschriften und Bücher zu meiden. Im Laufe der Jahre musste ich mehr und mehr Dinge meiden, weil die Welt ganz offensichtlich immer freizügiger wird.

Als Teeanger habe ich eine Predigt mit dem Titel „Wo Müll reingeht, kommt auch Müll raus" gehört. Ganz einfach und dazu noch ein gutes

Lebensprinzip. Wenn ich jemand werden will, der Jesus ehren möchte, darf ich meinen Verstand nur mit den Dingen füllen, die Ihm gefallen. 2. Timotheus 2,22 ermahnt uns, dass es nicht ausreicht, nur damit aufzuhören etwas zu tun. Wir müssen auch etwas Neues tun; nicht nur ausziehen, sondern auch anlegen.

Philipper 4,8

> Im Übrigen, ihr Brüder, alles, was wahrhaftig, was ehrbar, was gerecht, was rein, was liebenswert, was wohllautend, was irgendeine Tugend oder etwas Lobenswertes ist, darauf seid bedacht!

Sprüche 15,26

> Böse Gedanken sind dem HERRN ein Greuel, aber freundliche Reden sind [ihm] rein.

Wenn wir Gott gefallen und Ihm eine Freude machen wollen, dann machen wir Reinheit zu unserer Priorität. Denn die „reinen Herzens sind [...] werden Gott schauen" (Mt 5,8).

Der Großteil dieses Kapitels hat sich mit Präventivmaßnahmen befasst. Aber was, wenn jemand aktuell völlig in Unzucht verstrickt ist? Welche Hoffnung gibt es da noch?

Hoffnung für die, die schon in Unzucht gefangen sind

König Davids Geschichte kann immer noch eine Ermutigung sein. Gott liebt dich genauso unumstößlich, wie Er David geliebt hat und Er wird dafür sorgen, dass du von deiner Sünde überführt wirst. Das ist ein wichtiger Schritt auf dem Weg zurück zu Gott. Sobald David sich seiner Sünde bewusst geworden war, war ihm klar, dass seine größte Verfehlung nicht ihn selbst, Uria oder Batseba betraf (obwohl es für alle von ihnen schlimm war, dazu noch seine ganze Familie und sein Volk), sondern Gott selbst (2. Sam 12,13). Davids Bußgebet in Psalm 51 ist ein wahrer Schatz. Seine Worte sind eine Anleitung dafür, was wir Gott sagen sollten. Wir müssen aufhören, uns zu verstecken (Wie können wir uns denn überhaupt vor Gott verstecken, der doch alles weiß?) und zugeben:

An dir allein habe ich gesündigt und getan, was böse ist in deinen Augen ...

(Ps 51,6a)

Erst wenn wir unsere Sünde zugegeben haben, können wir Gott um Vergebung und Reinigung bitten. Wunderbarerweise hat Gott versprochen, diese Art von Gebeten zu erhören und uns von unseren Sünden zu reinigen, „so fern der Osten ist vom Westen" (Ps 103,12). Wenn Er König David vergeben konnte, einem Lügner, Ehebrecher und Mörder, dann kann Er auch dir vergeben.

Sexuelle Schuld ist recht hartnäckig. Satan liebt es besonders, uns einzureden, dass wir unbrauchbar geworden sind und die Situation nicht wieder gut zu machen sei. Jesu gute Nachricht ist die, dass Er uns vergeben, uns reinigen und uns einen Neuanfang schenken möchte. Das bedeutet nicht, in diesem Leben keine Konsequenzen tragen zu müssen, aber es bedeutet, dass es Hoffnung gibt.

Sobald Gott uns unsere Sünde vergeben hat, wird es eine immense Hilfe sein, das Schwert einzusetzen (um mit anhaltenden Schuldgefühlen umzugehen) und jemanden zu haben, dem man Rechenschaft gibt, um einen Rückfall zu vermeiden. Gott ist auf jeden Fall mehr als mächtig, um uns dabei zu helfen, rein zu werden. Vertraue Ihm und hör nicht auf, dein Schwert zu benutzen, wann immer Satan dir einzureden versucht, du seist schuldig und ein Versager (siehe die vorherigen Kapitel).

Fragen zur Reflexion:

1. Welche Dinge gefährden deine Bemühungen rein zu bleiben?

2. Welche Strategien helfen dir in deinem Leben, um diesen Dingen fernzubleiben?

3. Schreibe die Ideen und Verse aus diesem Kapitel auf, die dir am hilfreichsten erscheinen. Falls nötig, füge noch weitere eigene hinzu!

4. Suche dir jemanden, dem du Rechenschaft ablegen kannst und dem du vertraust. Wähle jemanden, der mit dir offen und ehrlich über seine eigenen Sünden und Kämpfe sprechen kann!

Gebetsvorschläge:

1. Lies Psalm 51 und meditiere darüber. Mache daraus ein Bußgebet!

2. Lobe Gott für Seine Reinheit und Heiligkeit. Bitte Ihn darum dir zu helfen, dass diese Dinge dein Leben prägen!

3. Bitte Gott, dich mit jemanden zu versorgen, dem du gerade in diesem Bereich Rechenschaft ablegen kannst!

KAPITEL 12

SCHWACHES SELBSTWERTGEFÜHL

MARIA WAR die Art von Frau, die immer übersehen wurde. Sie war schüchtern, still und unauffällig. Es war schwer, mit ihr Blickkontakt herzustellen, weil sie eine gebeugte Körperhaltung hatte.

Ich bemerkte sie schlussendlich nur, weil sie die treueste Teilnehmerin meiner Bibelkreise war. Ihr Mann studierte Theologie, und ich sorgte mich darum, wie sie jemals eine Pastorenfrau sein könnte. Nachdem ich über die Situation gebetet hatte, sprach ich sie an und fragte sie, ob sie bereit wäre, sich einmal pro Woche mit mir zu treffen, um den Epheserbrief zu studieren.

Maria war jemand, deren Gedanken sich ständig im Kreis drehten und ihr sagten: „Du bist ein hoffnungsloser Fall und nutzlos. Wie soll dich jemals jemand mögen oder lieben? Wie kannst du dich selbst eine Christin nennen? Du bist eine Versagerin. Du schaffst es nicht einmal, anderen von deinem Glauben weiter zu sagen."

Nachdem ich Maria die Prinzipien des Schwertkampfes erklärt hatte, wählten wir Verse und Prinzipien aus, über die sie morgens und abends nachdenken konnte.

In der darauffolgenden Woche fragte ich sie, wie ihr Training mit dem Schwert gelaufen sei, und sie gab betreten zu, vergessen zu haben, worum ich sie gebeten hatte. Also gingen wir die Prinzipien erneut durch. In der darauffolgenden Woche hatte sie es jedoch wieder vergessen, obwohl sie eigentlich keine vergessliche Person ist. Ich wurde misstrauisch. Erlebte Maria etwa direkten geistlichen Widerstand, der sich darauf richtete, sie davon abzuhalten, etwas gegen ihr schwaches Selbstwertgefühl zu tun (s. Kapitel 14)? Satan hat keine Angst vor jemandem, der seinen Lügen glaubt oder völlig mit sich selbst beschäftigt ist, aber er fürchtet sich vor jemandem, der auf Jesus schaut, zunehmend besser mit seinem Schwert umgeht und dadurch verändert wird. Wir beteten ganz spezifisch für ihre ungewöhnliche Vergesslichkeit und gingen die Prinzipien ein weiteres Mal durch.

Ein Wort zur Warnung

In der westlichen Gesellschaft und Psychologie wird ständig über das Selbstwertgefühl gesprochen. Das Gegenteil von einem schwachen Selbstwertgefühl ist nicht ein starkes „Selbst"wertgefühl, sondern etwas, das ich „Gottes"wertgefühl nenne. Das heißt, wir sollen uns so sehen wie Gott uns sieht.

Vergleiche können unsere Selbstwahrnehmung durcheinander bringen, weil wir uns entweder an irgendwelchen selbst auferlegten Maßstäben messen oder an anderen Menschen. Ein Maßstab, den wir uns selbst setzen, ist ein Ausdruck von Stolz, denn wir nehmen uns selbst als Richtschnur. Uns mit anderen zu vergleichen, ist eine andere Form von Stolz, die den inneren Wunsch deutlich werden lässt, uns überlegen zu fühlen. Was wir jedoch dringend brauchen, ist die Realität, nicht irgendein verdrehtes oder falsches Bild.

Uns selbst sehen, wie Gott uns sieht - zuerst die SCHLECHTE Nachricht

Immer wieder zeigt uns das Evangelium eine Tatsache, die wir verleugnen und am liebsten nicht wahrhaben wollen: dass wir total gegen Gott rebellieren. Adam und Evas Entscheidung im Garten Eden war kein kleines Missverständnis oder ein Fehler. Es war kein Versehen und kann nicht der Schlange in die Schuhe geschoben werden, auch wenn Eva genau das versuchte.

Ihre Entscheidung war eine direkte Rebellion gegen einen himmlischen Vater, der ihnen alles gegeben hatte. Dazu gehörte eine perfekte Welt, um sich daran zu freuen, sowie die Verantwortung, für diese Welt zu sorgen, einschließlich perfekter Beziehungen sowie Freundschaft mit Gott. Es fehlte ihnen an gar nichts und Gott hatte ihnen nichts Gutes vorenthalten.

Gottes Anweisung war glasklar.

Von jedem Baum des Gartens darfst du nach Belieben essen; aber von dem Baum der Erkenntnis des Guten und des Bösen sollst du nicht essen; denn an dem Tag, da du davon isst, musst du gewisslich sterben!

(1. Mose 2,16b-17)

Deutlicher kann es nicht sein.

Wurden sie wirklich von der Schlange verführt oder war das nur eine passende Ausrede, um die Schuld von sich weisen zu können? Sie wussten genau, dass Gott ihnen gegenüber immer überaus großzügig gewesen war, aber die Schlange nutzte ihre mangelnde Zufriedenheit mit dem, was ihnen zur Verfügung stand, aus und verführte sie dazu, Gott gleich sein zu wollen.

Da sprach die Schlange zu der Frau: Keineswegs werdet ihr sterben! Sondern Gott weiß: An dem Tag, da ihr davon esst ... und ihr werdet **sein wie** *Gott* ...

(1. Mose 3,4-5; Hervorhebung hinzugefügt)

Ihre Entscheidung war eine bewusste Rebellion, denn sie waren vor den Konsequenzen gewarnt worden.

Adam und Eva zogen es vor, einem völlig Fremden mehr zu glauben als Gott.

Die Bibel fährt fort die schlechte Nachricht noch deutlicher zu machen. Die schonungslose Unverblümtheit der Botschaft mag uns erschaudern und protestieren lassen.

Zum Beispiel „... die ihr tot wart durch Übertretungen und Sünden" (Eph 2,1). Wir sind tot geboren; wandelnde Leichen, die nichts tun können, um uns selbst lebendig zu machen. Das ist in jeder Kultur eine Beleidigung. Kein Wunder, dass wir das nicht glauben wollen. In unserem Stolz halten wir lieber daran fest, dass wir entweder ein „gutes Herz" oder nur eine „Krankheit" hätten. Hochmütig behaupten wir, dass wir „gar nicht so schlecht" sind und keine Erlösung brauchen.

Aber in Jeremia 17,9 wird uns gesagt:

> Überaus trügerisch ist das Herz und bösartig; wer kann es ergründen?

Warum gedeiht Religiosität besonders bei den Menschen, die gut sein wollen? Weil wir uns weigern, der Wahrheit, dass wir „unheilbar" sind, zu glauben.

Römer 3,10-12 ist wie ein Hammer, der den Nagel auf den Kopf trifft (lies es langsam und laut, achte auf die *Hervorhebungen*):

> Es ist *keiner* gerecht, *auch nicht einer*; es ist *keiner* ... der nach Gott fragt. Sie sind *alle* abgewichen ...

Es reizt, diese Tatsachen zu übergehen, aber das dürfen wir nicht. Wenn wir die Scheußlichkeit unserer Sünde und das Ausmaß unseres Problems nicht sehen, werden wir auch nicht die Größe von Gottes Liebe verstehen, die Er am Kreuz bewiesen hat. Stattdessen bleiben wir stolz und selbstgerecht, verachten den unermesslichen Preis des Kreuzes und reduzieren ihn auf ein Minimum von dem, was er in Wirklichkeit ist.

Die umwerfende Bedeutung der Tatsache des Kreuzes kann nur dann wahrgenommen werden, wenn man sie vor dem tiefschwarzen Hintergrund unseres Sündenproblems betrachtet. Tim Keller sagte: „Das Evangelium lautet: Wir sind viel sündiger und mit mehr Fehlern behaftet, als wir jemals zu glauben wagen, aber gleichzeitig sind wir viel geliebter und angenommen in Jesus Christus, als wir jemals zu hoffen wagen."[1]

Nachfolgend einige der Bibelverse und Prinzipien, die wir für Maria ausgesucht haben. Vielleicht findest du noch andere, die eine besondere Bedeutung für dich haben.

Wie sieht mich Gott?

1. Mose 1,26 sagt, dass wir nach Gottes Bild erschaffen sind. Gott gab uns das Allerbeste von sich selbst, das heißt, wir sind etwas ganz besonderes für Ihn.

Psalm 139,1-2, 13-14, 16

> HERR, du erforschst mich und kennst mich! Ich sitze oder stehe auf, so weißt du es; du verstehst meine Gedanken von ferne ... du hast mich gewoben im Schoß meiner Mutter ... erstaunlich und wunderbar gemacht ... in dein Buch waren geschrieben alle Tage, die noch werden sollten, als noch keiner von ihnen war.

Dieser Psalm enthält genug Wahrheiten, um wochenlang darüber meditieren zu können. Wenn Gott uns „gewoben" hat im Schoß unserer Mutter, dann hat Er uns auf eine bestimmte Art für einen bestimmten Zweck erschaffen. Das ist die Wahrheit, egal was die Welt über uns denken mag. Selbst unser Unvermögen kann Gott gebrauchen, um Ihm Ehre zu bringen.[2]

Wenn wir unsere Persönlichkeit, unsere Schwächen und Stärken in Gottes Hand legen, kann Er diese für Seine Ziele gebrauchen und dazu gehört, Ihm Ehre zu bringen. Die individuelle Kombination unserer Eigenschaften sorgt dafür, dass wir auf einzigartige Weise mit einer bestimmten Art von Menschen über Jesus sprechen können. Das ist ehrfurchtgebietend.

Epheser 1,4

> Wie er [Gott] uns in ihm auserwählt hat vor Grundlegung der Welt ...

Es ist kein Zufall, dass wir Christen sind. Aus einem bestimmten Grund hat Gott uns als Seine Nachfolger erwählt. Nicht, weil wir schöner oder schlauer oder wertvoller wären als irgendjemand anderes (5. Mose 7,7 ff.; 9,4 ff.), sondern einzig und allein aus Gnade. Er tut nichts versehentlich, sondern hat für alles einen Grund. Denk einmal darüber nach, was es heißt, dass wir erwählt wurden noch vor der Erschaffung der Welt. Es war keine Laune Gottes oder eine plötzliche Planänderung. Bevor die Welt erschaffen wurde, wusste Er schon, wer du sein würdest und was Er mit dir vorhat. Wie kann man da keine Ehrfurcht empfinden!

Epheser 1,4b-5a

> ... in Liebe. Er hat uns vorherbestimmt zur Sohnschaft ...

Hier sind die Frauen nicht ausgeschlossen, sondern die Formulierung bedeutet, dass wir mehr als nur adoptierte Töchter sind. Denn in der damaligen Zeit hatten Töchter nur wenig Rechte. Als Söhne adoptiert zu sein, bedeutet viel mehr, als nur Gottes Kinder zu werden, weil wir diejenigen sein werden, die die Rechte der Söhne erben.

Denk einmal darüber nach, was es bedeutet, als Söhne des Königs des Universums adoptiert zu sein. Ich habe schon immer gedacht, dass adoptiert zu sein etwas ganz besonderes ist, viel mehr als ein leibliches Kind zu sein. Schließlich suchen sich Eltern das Kind, das ihnen geboren wird, nicht selber aus, sondern müssen dem Kind, das sie bekommen, Eltern sein. Das verdeutlicht unmissverständlich, dass Gott uns will und sich dafür entscheidet, uns zu Seinen Kindern zu erheben.

In den 1960er-Jahren wurde ein Foto des amerikanischen Präsidenten John F. Kennedy aufgenommen, welches sehr berühmt wurde. Es zeigt Kennedy, wie er an seinem offiziellen Schreibtisch im Weißen Haus sitzt. Unter dem Schreibtisch und zu seinen Füßen spielte fröhlich sein kleiner Sohn. Präsident Kennedy verkörperte alle Autorität einer Supermacht bei der Arbeit, aber sein Sohn wusste von all dem nichts. Für ihn war der Präsident sein Papa. John Jr. hatte direkten und täglichen Zugang zum Präsidenten der Vereinigten Staaten. Als Kinder Gottes haben wir direkten Zugang zum König der Könige.

Epheser 2,10

Denn wir sind seine Schöpfung, erschaffen in Christus Jesus zu guten Werken, die Gott zuvor bereitet hat, damit wir in ihnen wandeln sollen.

Das Wort „Schöpfung" deutet auf Fürsorge und Kreativität hin. Wir sind wie ein erlesenes Schmuckstück oder wie ein instandgesetzter Oldtimer aus den 1920ern. Alle Sorgfalt und viel Liebe wurden aufgewendet, um uns zu erschaffen. Das Meditieren über diesen Vers sollte bewirken, dass wir ehrfürchtig zu Gottes Füßen sitzen. Wie können wir es wagen zu behaupten, irgendetwas, was Gott geschaffen hat, sei nicht gut? Außerdem spricht dieser Vers uns alle an, ohne Rücksicht auf unser Aussehen, unsere Fähigkeiten oder der von uns gespürten Mangelhaftigkeit. Gott hatte einen Plan und ein Ziel, als Er uns so schuf, wie wir sind. Jeder von uns ist einzigartig und etwas Besonderes. Der Vers geht weiter und drückt aus, dass wir nicht nur gemacht wurden, um angeschaut zu werden, sondern um nützlich zu sein. Ein Packard aus den 1920ern mag schön anzusehen sein, aber der wahre Genuss kommt erst, wenn man ihn fährt und ihn dafür verwendet, wofür er vorgesehen ist. Gott hat für jeden von uns gute Werke vorbereitet, die wir tun sollen. Er hat jeden von uns dazu geschaffen, einzigartige Taten zu vollbringen, die Ihm Ehre machen. Bitte Ihn darum dir zu zeigen, welche das sind.

1. Korinther 1,27–29

Sondern das Törichte der Welt hat Gott erwählt, um die Weisen zuschanden zu machen, und das Schwache der Welt hat Gott erwählt, um das Starke zuschanden zu machen;

und das Unedle der Welt und das Verachtete hat Gott erwählt, und das, was nichts ist, damit er zunichte mache, was etwas ist, damit sich vor ihm kein Fleisch rühme.

Diese Verse haben schwerwiegende Folgen für mein Leben gehabt. Wenn Satan mir sagt, dass ich schwach und nutzlos bin, dann lache ich und sage: „Wie recht du hast! Gott sei Dank, dass das so ist, denn wenn die Menschen sehen, dass ich Dinge tue, die meine Fähigkeiten übersteigen, dann merken sie, dass das nur aufgrund dessen möglich ist, was Gott in meinem Leben getan hat."

Je schwächer wir sind, desto besser ist es, zumindest in Gottes Augen.

- Beschäftige dich mit der Tatsache, dass Gott uns so sehr geliebt hat, dass Er kam, um für uns zu sterben (selbst wenn wir Ihm sagen, dass wir Ihn nicht brauchen und Sein Tod uns nichts bedeutet). Darüber nachzudenken, was Gott für mich getan hat, indem Er für mich starb, bewirkt, dass ich mich als etwas Besonderes fühle und macht mich unbeschreiblich dankbar.
- Viele andere Verse können dir helfen. Mache dir eine eigene Liste, aber vergiss nicht, zunächst über deine Sündhaftigkeit zu reflektieren und im Gegensatz dazu über Gottes wunderbare Liebe.

Und was wurde aus Maria? Sie kam in der darauffolgenden Woche wieder zu mir und es war offensichtlich, dass sie begonnen hatte, sich selbst in einem völlig anderen Licht zu sehen. Die ständige Wiederholung von Gottes Wort und das Besinnen darauf, wie Gott sie sieht, brachten sie zu einer neuen Wertschätzung von Gottes Größe, Seinen Zielen und Seiner Gnade. Sie reagierte mit Danksagung und Lob für Gott. Innerhalb weniger Monate traute sie sich zu, das Schwert des Geistes auch in anderen Bereichen ihres Lebens einzusetzen. Sie hatte damit angefangen, an ihrer Arbeitsstelle Zeugnis zu geben. Sogar ihre Haltung änderte sich: Sie hielt sich aufrecht und die Gewissheit, von Gott geliebt zu sein, strahlte geradezu aus ihr heraus. Zwei ihrer Freunde nahmen die Veränderung schnell wahr und wollten Marias Retter ebenfalls kennenlernen.

Fragen zur Reflexion:

1. Welche spezifischen Angriffe erfährst du von Satan in diesem Bereich?

2. Was ist der Unterschied zwischen „Selbst"wertgefühl und „Gottes" wertgefühl?

3. Erstelle dir deine eigene Liste von Versen, um gegen dieses Problem zu kämpfen!

4. Wie könntest du diese Wahrheit einem Nichtchristen weitergeben?

Gebetsvorschläge:

1. Lobe Gott dafür, dass Er dich so gemacht hat, wie du bist!

2. Bitte Gott darum, dass Er dir hilft glauben zu können, dass du geliebt bist!

---

1. Timothy Keller und Kathy Keller, *The Meaning of Marriage: Facing the Complexities of Commitment with the Wisdom of God* (New York: Penguin Random House, 2013), 48.
2. Jedes von Joni Eareckson Tadas Büchern oder Artikeln wird hilfreich sein. https://www.joniandfriends.org

KAPITEL 13

ENTMUTIGUNG UND DEPRESSION

Dieses Kapitel zu schreiben, ist mir am schwersten gefallen. Vermutlich vor allem deswegen, weil Ursachen und Behandlung von Depressionen immer noch kontrovers diskutiert werden. Depression ist weder einfach zu verstehen noch leicht zu behandeln und sie hat viele Facetten.

Depression wurde definiert als „eine weit verbreitete psychische Störung, die durch Traurigkeit, Interesselosigkeit und Verlust an Genussfähigkeit, Schuldgefühle und geringes Selbstwertgefühl, Schlafstörungen, Appetitlosigkeit, Müdigkeit und Konzentrationsschwächen gekennzeichnet ist. Sie kann über längere Zeit oder wiederkehrend auftreten und die Fähigkeit einer Person zu arbeiten, zu lernen oder einfach zu leben beeinträchtigen. Im schlimmsten Fall kann eine Depression zum Suizid führen."[1]

Eine Depression kann ausgelöst werden durch traumatische oder sehr stressige Erlebnisse (reaktive Depression) oder durch chemische und hormonelle Ungleichgewichte im Körper. Genetische Faktoren scheinen auch eine Rolle zu spielen. Depression wird eng assoziiert mit schlechtem Schlaf, Antriebslosigkeit und genereller körperlicher, emotionaler und geistiger Erschöpfung.

Diejenigen, die deprimiert sind, mag es ermutigen zu wissen, dass sie nicht alleine damit sind. Einige der größten geistlichen Vorbilder der Welt litten entweder gelegentlich oder immer wieder an Depressionen: David Brainerd (Missionar), C. H. Spurgeon (Prediger und Pastor), J. B. Phillips (Bibelübersetzer), Hudson Taylor (Gründer der China-Inland-Mission, früher ÜMG und heute bekannt als OMF) und biblische Helden wie Elia, Hiob und Jeremia. Auch sie hatten das Gefühl, unter einer dunklen Wolke der Verzweiflung und Sinnlosigkeit zu leben.

Nach der Ausbildung arbeitete ich als Physiotherapeutin in verschiedenen Krankenhäusern. Ich erlebte viele Menschen, die darum kämpften, mit großen gesundheitlichen Herausforderungen zurechtzukommen: Schlaganfall, Verletzungen der Wirbelsäule, aber vor allem Einschränkungen, die die Körperwahrnehmung beeinträchtigen, wie Mastektomien oder andere Amputationen. Es ist besonders schwer, sich mit Gegebenheiten abzufinden, die sich nicht verbessern werden. Darüber depressiv zu werden, scheint geradezu normal zu sein. Wer hätte damit denn keine Schwierigkeiten?

Die Behandlung einer Depression ist normalerweise fachübergreifend. Dieses Buch zielt nicht darauf, sich mit den medizinischen Aspekten zu befassen, sondern nur mit dem Punkt des Schwertkampfes. Bitte glaub nicht, dass medizinische Behandlung nicht notwendig sei. In manchen Situationen, die ich in diesem Kapitel beschreibe, waren die Menschen selbstmordgefährdet. Jeder einzelne von ihnen brauchte medizinische Hilfe, bevor sie in der Lage waren, ihr Schwert zu benutzen. Erst die medikamentöse Behandlung machte sie so stabil, dass sie damit beginnen konnten, ihre scheinbar unkontrollierbaren Gedanken zu beeinflussen.

Biblische Beispiele

Hiob erlitt innerhalb kurzer Zeit mehr Verluste, als die meisten von uns jemals erleben werden. Seine anschließende Depression war reaktiv, d. h., seine Depression wurde durch eine Reihe großer Verluste ausgelöst. In seinem Fall waren das der Tod all seiner Kinder auf einmal unter einem einstürzenden Dach (drei Töchter und sieben Söhne), der Verlust seines Besitzes und fast all seiner Sicherheiten (Herden von Kamelen, Ziegen und Eseln) und dann körperliche Schmerzen (Geschwüre) sowie der Verlust seiner Gesundheit (Hiob 1). Zu allem Übel kam dann noch seine Frau zu ihm und sagte: „Hältst du immer noch fest an deiner Tadellosigkeit? Sage dich los von Gott und stirb!" (Hiob 2,9)

Hiob scheint mit dem Schwertkampf vertraut gewesen zu sein, weil er konsequent Gottes Wahrheit in die Situation hinein sprach und nicht in eine Depression abglitt. Aber dann tauchten seine Freunde auf, die ihn mit allen möglichen Unwahrheiten bombardierten, wie „Du musst gesündigt haben, ansonsten würdest du nicht so leiden." Selbst dann blieb Hiob stark, aber es war Gottes Schweigen, das ihn letztendlich zermürbte. Am Ende rief er aus:

... dem Mann, dem sein Weg verborgen ist, den Gott ringsum eingeschlossen hat?

Denn statt zu essen, seufze ich, und mein Gestöhn ergießt sich wie Wasser. Denn das Schreckliche, das ich befürchtet habe, ist über mich gekommen, und wovor mir graute,

das hat mich getroffen. Ich konnte nicht ruhen und nicht rasten, und kaum hatte ich mich erholt, so kam ein [neuer] Sturm über mich!

(Hiob 3,23-26)

Der schlaflose Hiob litt an einem Gefühl des Verlassenseins, sowohl von seiner Familie als auch von Freunden und letztendlich sogar von Gott.

Verlassensein und die daraus folgende Isolation sind häufige Faktoren einer Depression. Edward T. Welchs Artikel im „Journal of Biblical

Counselling" ist zwar schon älter, aber immer noch sehr hilfreich. Er schreibt:

> Während einer Depression empfindet man, dass niemand da ist. Man fühlt sich wie in einer hermetisch abgeriegelten Blase, die echten Kontakt zu anderen Menschen verhindert ... Diese Gefühle verneinen Gottes Verheißungen ... Sie stellen fest, Gott ist weit weg und hört uns nicht. Die meisten depressiven Menschen sind sich nicht darüber im Klaren, dass, auch wenn ihre Gefühle etwas wichtiges ausdrücken mögen, diese auch lügen können.[2]

Welch macht die interessante Beobachtung, dass es in gemeinschaftsorientierten Kulturen viel weniger Depressionen gibt.[3] Das deutet darauf hin, dass es hilfreich ist, wenn Freunde und Familie gemeinsam daran arbeiten, dass die depressive Person nicht allein gelassen wird und diese sich demzufolge nicht isoliert fühlt. Die Person mit Depression fühlt sich oftmals zu erschöpft, um menschliche Kontakte aufrechtzuerhalten. Freunde können auf sie zugehen und eine kleine, unterstützende Gemeinschaft um die depressive Person herum aufbauen.

Es wurde schon oft festgestellt, dass das Beste, was Hiobs Freunde für ihn taten, darin bestand, sieben Tage lang schweigend bei ihm zu sitzen. Erst als sie versuchten, das Geschehene zu interpretieren und seinem Leiden einen Sinn zu verleihen, machten sie alles nur noch schlimmer.

Bibelstellen für die, die sich isoliert fühlen

Über Gottes Wort zu meditieren ist lebenswichtig, denn wenn Satan uns überzeugen kann, dass wir allein gelassen sind und niemand unsere Situation versteht, dann kann er den Kampf leicht gewinnen. Die folgenden Bibelverse sind nur eine winzige Auswahl aus vielen

Versen und Geschichten, die uns dabei helfen können, Satans Lügen zu bekämpfen.

Hebräer 13,5b

Ich will dich nicht aufgeben und dich niemals verlassen!

Josua 1,9

Habe ich dir nicht geboten, dass du stark und mutig sein sollst? Sei unerschrocken und sei nicht verzagt; denn der HERR, dein Gott, ist mit dir überall, wo du hingehst!

Es gibt noch viele andere Verse, die uns daran erinnern, dass, selbst wenn wir uns isoliert fühlen oder es gar sind, Gott dennoch *immer* bei uns ist. Er wird uns niemals verlassen. Wir müssen uns entscheiden dies zu glauben und diesen Versprechen zu vertrauen.

Geschichten

In der Bibel gibt es viele Geschichten über Menschen, die sich alleine fühlten, entmutigt und voller Angst waren. Neben Josua und Elia waren das z. B. Mose (2. Mose 3 ff.) und Gideon (Ri 6 ff.).

Im Laufe unseres Lebens mag es bei vielen von uns vorkommen, dass wir Zeiten reaktiver Entmutigung erleben, die zu einer Depression führen könnten. Wir können es nicht vermeiden Verluste zu erleiden. Solche Verluste können mit Folgendem zusammenhängen: Fehlgeburten oder Unfruchtbarkeit, Einsamkeit, häuslicher Gewalt, einer schlimmen Ehe oder Scheidung, dem Tod von Familienmitgliedern oder Freunden, chronischen Schmerzen oder Gesundheitsproblemen, Arbeitslosigkeit und vielem Anderen mehr. Das Maß der Auswirkungen auf uns wird bestimmt durch komplexe Verflechtungen aus Geschlecht, Persönlichkeit, Erwartungen sowie aus Intensität oder Nähe und der individuellen Art einer Beziehung. Die Schwere des Verlusts, die wir fühlen, mag nicht logisch sein. Es kann beispielsweise sein, dass wir mehr um jemanden trauern, dem wir entfremdet waren, als um jemanden, der uns sehr nahe stand. Und all diese Verluste werden gefiltert durch ein Sieb aus unseren eigenen Vorstellungen und Werten sowie aus unserer Geschichte und den erlebten Verletzungen.

Hiob ist nicht die einzige biblische Persönlichkeit, von der wir lernen können. Im Gegensatz zu Hiob hatte Elias Depression andere Auslöser. Obwohl sein Leben in Gefahr war, schien es jahrelang so, als hätte er alles im Griff. Äußerlich gesehen kam er gut zurecht, während er in einem abgelegenen Tal lebte, wo er sich vor König Ahab versteckte. Während dieses Exils gab es drei Jahre, in denen er von Raben gefüttert wurde (1. Kön 17,2-6) und von einer sidonischen Frau (1. Kön 17,7-24). Isolation war definitiv ein Problem für ihn. Er hatte niemanden in seinem Alter oder aus seiner Kultur um sich und außerdem glaubte Elia als einziger übrig geblieben zu sein, der Gott die Treue hielt. Dieser Glaube, der sich später als falsch erwies, verstärkte Elias Gefühl der Isolation noch zusätzlich.

Dann schickt Gott Elia zum Berg Karmel, wo Elia den Propheten des Baal entgegentritt. Hier erlebt Elia fantastische Wunder Gottes, Feuer, das vom Himmel fällt, und auch das Ende der dreijährigen Dürre. Nach diesen Höhepunkt bricht Elia zusammen, er gibt der Angst Raum und sinkt schließlich so tief, dass er Gott bittet ihn sterben zu lassen (1. Kön 19,3-4). Denn manchmal folgen Entmutigung und Depression auf Zeiten intensiver Siege und geistlicher Höhenflüge.

Es gibt deutliche Anzeichen dafür, dass Elia körperlich völlig ausgelaugt war, denn Gott gestand ihm zu diesem Zeitpunkt zwei lange Schlafperioden zu. Gott versorgte ihn auch mit Nahrung durch einen Engel und schickte ihn auf eine lange Reise. Gott tadelte Elia in keiner

Weise, wie man vielleicht erwartet hätte. Stattdessen suchte Er Elia auf und stellte ihn erneut in Seinen Dienst. Gott zeigte Elia außerdem, dass er falsch lag mit seinem Glauben, er sei der einzige treue Nachfolger Gottes, als Er sagte:

> Ich aber habe in Israel siebentausend übrig bleiben lassen, nämlich alle, die ihre Knie nicht gebeugt haben vor Baal und deren Mund ihn nicht geküsst hat!
>
> (1. Könige 19,18)

Praktische Überlegungen

Um mit einer Depression fertig zu werden, braucht es hartnäckiges Dranbleiben unsererseits. E. T. Welch schreibt in „Understanding Depression":

> Satan greift uns geistlich an ... Einflüsterungen wie, dass Gott uns nicht wirklich liebt oder sich um uns kümmert, dass er unserem Schmerz gegenüber gleichgültig ist oder gar sadistisch, oder dass Gott überhaupt nicht existiert. Dem muss Jesu Liebe wie eine auf Dauerschleife geschaltete Sprachnachricht entgegengehalten werden, die auf das Herz der depressiven Person gerichtet sind.[4]

Wir müssen Zeit mit denjenigen verbringen, die an Depression leiden und ihnen wahre Freunde sein, die das, was sie sagen, nicht einfach als Wahrheit akzeptieren, sondern es anfechten und sie beständig in Richtung Jesu weisen und auf die Wahrheiten der Bibel.[5] Das wird nicht nur ihnen gut tun, sondern auch uns.

Bibelstellen, die uns an Gottes Liebe erinnern:

Römer 8,35, 37 ff.

> Wer will uns scheiden von der Liebe des Christus? Drangsal oder Angst oder Verfolgung oder Hunger oder Blöße oder Gefahr oder Schwert? .. Aber in dem allem überwinden wir weit durch den, der uns geliebt hat. Denn ich bin gewiss, dass weder Tod noch Leben, weder Engel noch Fürstentümer noch Gewalten, weder Gegenwärtiges noch Zukünftiges, weder Hohes noch Tiefes noch irgendein anderes Geschöpf uns zu scheiden vermag von der Liebe Gottes, die in Christus Jesus ist, unserem Herrn.

Unabhängig davon wie wir uns fühlen, ermahnen uns diese Verse, dass es für Gott unmöglich ist, uns loszulassen. Er ist bei uns im Leben und im Tod und auch im tiefen Tal der Depression. Lerne diese Zusage auswendig, wiederhole sie oft und schließlich wird diese Wahrheit vom reinen Kopfwissen zu einer Gewissheit deines Herzens werden.

Das Kreuz Jesu Christi

Wir müssen ganz eintauchen in die Geschichte vom Kreuz, die Geschichte des Gottes, der für Seine Feinde starb und auch für die, die Ihn verleugneten, verspotteten und verrieten. Wie Römer 5,8 sagt:

> Gott aber beweist seine Liebe zu uns dadurch, dass Christus für uns gestorben ist, als wir noch Sünder waren.

E. T. Welch erinnert daran, dass Depression eine wundervolle Gelegenheit ist, sich mit den Problemen zu befassen, die durch diese hochkommen.⁶ Wir liegen falsch, wenn wir sagen, dass Depression die Folge von Sünde ist oder eine Strafe Gottes (wie Hiobs Freunde sagten), aber es ist hilfreich zu fragen, wovor die depressive Person sich fürchtet oder weswegen sie sich schuldig oder zornig fühlt oder verzweifelt ist. Dies wird auf Probleme hinweisen, die ans Licht des Evangeliums gebracht und gemäß der Prinzipien des Wortes Gottes bearbeitet werden müssen.

Manchmal ist eine Depression eine Reaktion, die uns hilft, eine Auseinandersetzung mit bestimmten Problemen zu vermeiden, so wie bei meiner Freundin, die panische Angst vor dem Tod hatte.

In einer Depression kommt es viel zu oft vor, dass eine Person den endlos wiederholten Lügen Satans Gehör schenkt und diese schlussendlich glaubt. Die Betroffenen müssen sich selbst ermahnen: „Du hast auf deine eigenen Gedanken gehört, aber jetzt musst du anfangen, auf das zu hören, was Gott in Seinem Wort und durch andere Menschen zu dir sagt."⁷

Als Begleitperson eines Depressiven gibt E.T. Welch folgenden Rat:

Wir wollen ihnen nicht nur in ihrer Welt begegnen, wir wollen sie herausholen ... Depression verfälscht fast jede Interpretation. Deswegen müssen Depressive ihre düsteren Interpretationen hinter sich lassen und die radikalen, völlig anderen Sichtweisen, die Gott in der Heiligen Schrift vermittelt, zulassen.⁸

In einer Depression braucht es einen neuen Lebensstil, weg vom Fühlen, was Gott sagt, hin zum Glauben und Handeln entsprechend dem, was Gott sagt. Es ist ein Leben aus dem Glauben heraus ... Mit anderen Worten, wenn das, was die Gefühle sagen, nicht mit dem übereinstimmt, was die Bibel sagt, muss es der Bibel erlaubt sein, das letzte Wort zu haben. Wenn dem nicht so ist, macht man Gott letztendlich deutlich, dass er kein Vertrauen verdient.⁹

Eine Frau, die ich seelsorgerlich begleitete, war besonders schwierig zu betreuen. Sie hatte eine schwere Depression und konnte sich nicht länger als dreißig Minuten am Stück konzentrieren.

Zu Beginn war sie sehr frustriert mir gegenüber, weil ich nicht bereit war ihren Gedanken stundenlang zuzuhören. Diese drehten sich um Selbstmord. Beständig hörte sie auf Satans Lügen, was ihr Gefühl der Nutzlosigkeit betraf, und glaubte ihnen. Ihre Depression war so schwer, dass ich bei jedem Treffen mit ihr nur einen Abschnitt aus der Bibel behandeln und dann mit ihr beten konnte.

Wir arbeiteten uns langsam durch einige Passagen des Lukasevangeliums durch. Sie war überrascht, wie passend jede der Textstellen war. Die Hausaufgabe, die ich ihr bis zu unserem nächsten Treffen aufgab, war, sich eine Wahrheit aus dem behandelten Text immer wieder vorzusagen. Ich ermutigte sie auch regelmäßig Dankgebete zu sprechen (s. später in diesem Kapitel). Während der folgenden acht Wochen machte sie konsequent Fortschritte und begann langsam, an das zu glauben, was Jesus sagt.

Als sie wegzog, fanden sich einige Freunde, die sie weiterhin liebten und sie an Gottes Wahrheiten erinnerten. Zwei Jahre später war sie eine ganz andere Person. Sie hatte mit dem Erlernen der schweren Lektion begonnen, wie gute Entscheidungen in ihrem Leben zu treffen. Sie begann sich selbst Schranken zu setzen, um nicht zu beschäftigt zu sein und als Folge davon ausgelaugt zu werden, sowohl körperlich als auch emotional.

Jill war in Taiwan bei mir zur Seelsorge. Ihre Depression war so schwer, dass sie plante, ihre Kinder umzubringen und dann sich selbst. Sie konsumierte Alkohol und Drogen, um ihre Schmerzen zu lindern. Kein Wunder, dass ihre Selbstmordgedanken am stärksten waren, wenn sie betrunken war.

Zum Glück brachte eine Freundin sie zum Arzt. Der Mann war nicht nur ein guter Mediziner, sondern auch Christ, der sich darüber im Klaren war, dass Depression auch ein geistliches Problem sein kann. Er wies Jill auf Jesus hin und es stellte sich heraus, dass Gott schon begonnen hatte, in Jills Leben zu wirken. Sie hatte von selber angefangen, in der Bibel zu lesen und festgestellt, dass die Sekte, der sie sich angeschlossen hatte, Jesus nicht wirklich kannte. Der Arzt stellte sie wahren Nachfolgern Jesu vor und Jill fand schnell den Gott, nach dem sie gesucht hatte.

Ich hatte das Privileg, Jill jede Woche zu treffen. Wir studierten gemeinsam die Bibel und trainierten die Anwendung des Schwertes. Innerhalb weniger Monate hatte sie große Fortschritte darin gemacht, „jeden Gedanken gefangen" zu nehmen und „durch die Erneuerung [des] Sinnes" verwandelt zu werden (Röm 12,2).

Jill neigt immer noch zu Depressionen. Sie weiß, dass sie anfälliger für Satans Lügen ist, wenn sie übermüdet ist und nicht regelmäßig Sport treibt. Deshalb bemüht sie sich sehr um einen gesunden Lebensstil. Sie kann Satans Lügen erkennen und ist selten für längere Zeit depressiv, weil sie geistlich fit ist.

Die Freude in Jill ist nicht mehr zu übersehen. Und das, obwohl sie nach wie vor für ihr Christsein leidet. Das bedeutet, sie muss Prügel, emotionalen Druck, Drohungen und fortwährenden Spott aushalten. Bei all den Lügen, denen sie ausgesetzt ist, setzt sie ihr Schwert ein und lässt sich anhand der Bibel Gottes Sicht auf jede Situation zeigen.

Das Frühstadium der Depression

Wie bei vielen Krankheiten ist Vorsorge besser als Heilen. Ein im Schwertkampf erfahrener Christ kann eine Depression vielleicht ganz vermeiden.

Ich arbeitete einmal in einem Gemeindeaufbau-Team mit. Drei Teammitglieder hatten bereits Depressionen hinter sich, die medikamentöse Behandlung benötigt hatten. Im Laufe von sechs Monaten waren wir alle entmutigt, weil unsere Evangelisation erfolglos war. Zusätzlich hatten wir alle mit Schlafstörungen zu kämpfen sowie der daraus folgenden Erschöpfung. Wir alle stellten uns Fragen wie „Wofür all die harte Arbeit?" oder „Wie läßt sich all das Geld rechtfertigen, das für dich ausgegeben wird?" oder „Vielleicht bist du für diese Aufgabe einfach nicht geeignet." oder "Warum gehst du nicht nach Hause und machst irgendetwas Erfolgversprechendes?" Wenn man bedenkt, wie wenig Schlaf ich zu der Zeit bekam (manchmal wachte ich pro Nacht 30-40 Mal auf und das über einen Zeitraum von zwei Jahren), dann besaßen diese Gedanken eine bestechende Logik. Glücklicherweise hatte ich damals schon etwas Übung im Schwertkampf.

Im Team betrachteten wir Passagen und Prinzipien der Bibel, um unsere Gefühle der Entmutigung in den Griff zu bekommen:

Das Ergebnis jeder Evangelisation ist Gottes Verantwortung (1. Kor 3,5-7). Unsere Verantwortung war es, weiter zu beten, weise und behutsam Zeugnis zu geben (Kol 4,2-6; 1. Petr 3,15-16) und alles weitere Gott zu überlassen.

1. Korinther 4,2

Im Übrigen wird von einem Haushalter nur verlangt, dass er treu erfunden wird.

Gott erwartet Treue, keine menschlichen Erfolgsergebnisse, denn Treue ist Erfolg in Seinen Augen.

Wir schauten uns noch einmal Satans Pläne (z. B. in Joh 8,44; 1. Petr 5,8) und Methoden an und konnten sein Wirken in dem, was mit uns passierte erkennen. Denn wie oft kommt es vor, dass drei von vier Mitarbeitern eines Evangelisationsteams gleichzeitig mit Depressionen zu kämpfen haben? Allein die Erkenntnis, dass wir einem geistlichen Angriff ausgesetzt waren, versetzte uns in Alarmbereitschaft.

Zusätzlich begannen wir uns darüber auszutauschen, warum wir wohl depressiv waren, und stellten fest, dass es einige auslösende Faktoren gab (Müdigkeit, zu viel Arbeit und zu wenige Ruhephasen). Wir verstärkten unsere Bemühungen, jede Woche einen freien Tag zu haben, und überlegten, wozu dieser Tag dienen sollte (Ausschlafen und Ausruhen und nicht Abarbeiten von Mails oder anderen Tätigkeiten). Außerdem sorgten wir dafür, dass wir pro Woche mindestens dreimal Sport machten. Wir gaben einander Rechenschaft darüber und beteten regelmäßig für jedes einzelne Mitglied des Leitungsteams.

Darüber hinaus bezogen wir alle unsere Gebetspartner mit ein und verbrachten auch selbst mehr Zeit im Gebet. In den folgenden drei Jahren achteten wir sehr auf erste Anzeichen geistlicher Anfechtung und begannen sofort unseren Schwertkampf und andere Strategien, wann immer sie gebraucht wurden. Daraufhin benötigte niemand aus dem Team mehr ärztliche Hilfe.

Reaktive Depression

Reaktive Depression, auch bekannt als situative Depression, „kann sich nach einem traumatischen Erlebnis oder einer Folge traumatischer Erlebnisse entwickeln ... sie ist eine Art Anpassungsstörung."[10]

Um mit einer solchen Depression umzugehen, müssen wir uns zunächst auf die unumschränkte Herrschaft Gottes konzentrieren. Er ist allmächtig, wird niemals von einem Ereignis überrascht und ist niemals zu beschäftigt, um sich kümmern zu können.

Hilfreiche Bibelverse könnten sein:

Jeremia 32,17+19a

> Ach, Herr, HERR, siehe, du hast den Himmel und die Erde gemacht mit deiner großen Kraft ... dir ist nichts unmöglich! ... groß an Rat und mächtig an Tat ...

Lass dich von diesem Vers zu einer Meditation über die Schöpfung anregen und darüber, wie sie Gottes Größe und Liebe zum Detail ausdrückt. Wenn Gott in der Lage ist, die Welt zu erschaffen, dann kann Er uns auch mit unserer Depression und ihrer Ursache helfen. Er kann heilen oder uns befähigen damit umzugehen.

Es lohnt sich, über die biblischen Berichte von Menschen nachzudenken, die ähnliche Probleme hatten, und zu sehen, wie Gott ihnen geholfen hat und was sie durch ihren Schmerz gelernt haben. Denke an Josef, der die Zurückweisung seiner Familie und falsche Anschuldigungen erfuhr (1. Mose 37-50), oder an Elia, der fliehen musste, um sein Leben zu retten (1. Kön 19), oder an Petrus, der sich als Versager sah, nachdem er Jesus dreimal verleugnet hatte (Lk 23,54 ff.), oder an Hanna mit ihrer Kinderlosigkeit (1. Sam 1).

Römer 8,28-29

Wir wissen aber, dass denen, die Gott lieben, alle Dinge zum Besten dienen, denen, die nach dem Vorsatz berufen sind. [und Sein Vorsatz ist] ... dem Ebenbild seines Sohnes gleichgestaltet zu werden ...

Dies ist kein Versprechen, dass alles auf magische Weise heil sein oder in Ordnung kommen wird. Nein, Gott verspricht uns hier, dass Er alles, inklusive unseres Versagens und Leidens, gebrauchen wird, um uns Jesus ähnlicher zu machen, wenn wir Ihm vertrauen. Es könnte sein, dass Gottes Plan für uns vorsieht, dass wir Witwe werden oder bleiben oder Single bleiben oder an Krebs sterben, aber Seine Zusage gilt, dass kein Problem zu groß ist, als dass Er nicht zu Seinem Ziel käme uns Jesus ähnlicher zu machen.

Meine ergreifendsten seelsorgerlichen Besuche sind die bei ältern, gläubigen Menschen, die auf den Tod zugehen. Wenn jemand Gottes Wahrheiten wirklich erfasst hat, dann sind diese Besuche voller Freude. Wir mögen zusammen weinen, aber es sind Tränen der Trauer gemischt mit unbeschreiblicher Freude.

Es ist auch wichtig, uns daran zu erinnern, warum schlimme Dinge passieren. Und diese passieren auch guten Menschen, was den inneren Schrei: „Es ist so ungerecht!" provoziert. Wenn wir uns auf diesen Ausruf versteifen, geraten wir in einen Sog des Jammerns, Wut auf Gott und möglicherweise einer Depression.

Wir müssen uns das Evangelium wieder ganz neu bewusst machen. Besinne dich als erstes auf 1. Mose 3 und mache dir klar, dass Leid in der Welt daher kommt, dass die Menschen Gott als König abgelehnt haben. Leider wollen auch wir unser Leben selbst in die Hand nehmen. Leid wie Krankheit, Tod, Versagen und Ungerechtigkeit ist das Ergebnis davon. Wir müssen uns daran erinnern, was Gott es sich hat kosten lassen, um die Situation zu heilen und uns zu erlösen. Philipper 2 beschreibt den weiten Weg, den Gott kam, um uns zu retten; von der Herrlichkeit und Vollkommenheit des Himmels herunter in die weltliche Demütigung und das Leid hinein.

Wohlmeinende Leute übermitteln bei ihren Besuchen oft Lügen Satans. Als meine Tante mit vierunddreißig Jahren im Sterben lag - sie hatte Krebs - kamen viele Besucher, die ihr sagten, sie hätte Krebs, weil sie gesündigt habe. Sie sagten ihr auch, sie müsse Buße tun und Glauben haben, dann würde sie geheilt werden. Gott widerlegt speziell diesen Gedanken mehrfach in der Bibel (Lk 13,1-5, Joh 9,1-2).

In Hiobs Fall glaubten seine vier Freunde, dass seine Sünde der Grund für soviel Leid sei. Ihr Trost brachte Hiob zur Verzweiflung. Hiob erfuhr nämlich nie den Grund für sein Leid. Wir, die Leser, haben das Vorrecht zu wissen, dass mehr hinter der Geschichte steckt - eine Auseinandersetzung zwischen Gott und Satan. Satan behauptete, dass Gott an sich es nicht wert sei gepriesen zu werden, sondern dass die Menschen Gott nur Seiner Gaben wegen lieben und loben würden. Satans Aufforderung an Gott lautete, dass Er Hiob alles wegnehmen solle, denn dann würde an Hiob deutlich werden, dass die Menschen Gott nur Seiner Gaben wegen loben würden. Es war eine immens wichtige Auseinandersetzung, die Gott gewann, weil Sein schwacher und depressiver Diener, Hiob, Ihm in all seinem Schmerz und Durcheinander weiterhin vertraute.

Hast du dich jemals gefragt, warum Hiob nie etwas über diesen göttlichen Disput erfahren hat? Ich mich schon. Gott handelt anders, als ich es tun würde (so ist das normalerweise!). Gott stellt Hiob eine Reihe von Fragen, um Hiob zu zeigen, dass es vieles gibt, was er nicht versteht. Gott fragt in Wirklichkeit: „Wenn du nicht einmal ein Tier erschaffen und versorgen kannst, wer bist du dann, mich in Frage zu stellen? Sei zufrieden und vertraue mir." Hiob begreift das und entscheidet sich, Gott zu vertrauen, obwohl er keine Erklärung für sein Leiden erhält.

Jesu Jünger hatten dieselbe Einstellung wie Hiobs Tröster. Es ist eine Haltung, die auch bei Hindus und Buddhisten vorkommt, weil sie dem Gesetz von Ursache und Wirkung entspricht (Karma). Wenn du gut bist, wirst du gesegnet und wenn du schlecht bist, wirst du verflucht. Diese Sichtweise der Jünger wird in Lukas 13,1-5 und Johannes 9 deutlich. Als sie einem Mann begegneten, der blind geboren war, oder als sie hörten, dass Leute beim Einsturz eines Turms umgekommen waren, gingen sie davon aus, dass das sündige Verhalten dieser Personen oder ihrer Eltern schuld daran war.

Jesus vermittelt hier zwei Verständnismöglichkeiten. Im Falle des blinden Mannes sagt Er, dass diese Blindheit viele Jahre lang zugelassen worden war, denn „an diesem Mann sollten die Werke Gottes offenbar werden" (Joh 9,3). Wir könnten vielleicht einwenden: „Ja, aber warum musste er so viele Jahre leiden?" Stattdessen werden wir aufgerufen, darauf zu vertrauen, dass Gottes Zeitplan perfekt ist und dass Ihm die größte Ehre dadurch zuteil wird (Menschen lernen, Ihm zu vertrauen und Ihn zu loben), dass Er zu genau diesem Zeitpunkt Heilung brachte.

Die zweite Verständnismöglichkeit finden wir in Lukas 13. Jesus warnt Seine Jünger, dass es Schlimmeres gibt als zu sterben oder zu leiden: Es sei definitiv schlimmer, zu sterben und in die Hölle zu kommen, als auf dieser Erde zu leiden. Ein Sinn von Leid ist es also, uns aufzurütteln und uns zu zwingen, über die Ewigkeit nachzudenken und Buße zu tun, bevor es zu spät ist. Ich habe wirklich gemerkt, dass das stimmt. Viele meiner Freunde haben sich zu Jesus bekehrt, weil sie durch Leid gegangen sind. Wenn das Leben glatt läuft, müssen sie nicht über Gott nachdenken. Wenn ihr Leben aber in

Trümmern liegt, sind sie gezwungen, sich mit Themen auseinanderzusetzen, die sie bis dahin vermieden haben, und Gott wartet voller Gnade auf sie.

Eine letzte Ermutigung kommt aus dem Leben Jesu. Er ist der Einzige, von dem wir ganz sicher wissen, dass Er niemals gesündigt hat und dennoch ging Er durch größtes Leid. Auf jeden Fall erlebte Er den Tod Seines weltlichen Vaters (sonst wäre es nicht nötig gewesen, Johannes, während Er am Kreuz hing, anzuweisen, sich um Seine Mutter zu kümmern - Joh 20,26-27); Er trug das Stigma, für ein uneheliches Kind gehalten zu werden (nur wenige werden Marias Geschichte der Jungfrauengeburt geglaubt haben), Er wurde von Seiner ganzen Familie missverstanden (Lk 2,50; Joh 7,3-5), Er erfuhr Widerstand und Spott von religiösen Führern und dem Volk (Joh 7,20, 30-52), Er wurde von einem Seiner engsten Freunde verraten (Lk 20,1-6; 22,48) und von einem anderen verleugnet (Petrus in Lk 22,54-62).

All das noch zusätzlich zu den normalen Leiden eines Lebens auf dieser Erde (Krankheit, Versagen, Enttäuschung) und dann dem schlussendlichen Schmerz von falschen Anschuldigungen, Schlägen und der Kreuzigung, ganz zu schweigen von der Trennung vom Himmelreich und all dessen Freuden. Dies zeigt ein für alle Mal, dass es keine direkte Ursache-Wirkung-Beziehung zwischen Sünde und Leid gibt, denn auch völlig Unschuldige leiden.

Nicht-wahrhaben-wollen, Leugnen, Hinterfragen, Enttäuschung und Wut sind die üblichen Phasen der Trauer. Problematisch wird das erst dann, wenn wir darin stecken bleiben und Satans Lüge, dass irgendeine dieser Phasen für immer anhält, nicht mit unserem Schwert des Geistes zurückschlagen. Wir dürfen nicht in Selbstmitleid und Zorn verharren, das verschlimmert nur die Depression. Stattdessen sind wir dazu aufgerufen, Gott zu vertrauen und jeden Gedanken gefangen zu nehmen. Wenn uns das nicht gelingt, müssen wir demütig zum Herrn gehen, Buße tun und um Seine Vergebung bitten. An diesem Punkt wird Satan versuchen, uns zum Zweifeln zu bringen, dass Gott vergeben kann und will und wir werden erneut unser Schwert nehmen und seine Lügen bekämpfen müssen.

1. Johannes 1,9

Wenn wir aber unsere Sünden bekennen, so ist er treu und gerecht, dass er uns die Sünden vergibt und uns reinigt von aller Ungerechtigkeit.

Psalm 103,12

So fern der Osten ist vom Westen, hat er unsere Übertretungen von uns entfernt.

Diesen beiden Verse müssen wir glauben und sie auswendig lernen, damit wir sie jedes Mal, wenn Satan flüstert: „Gott kann oder will das nicht vergeben", zitieren und damit dieser Lüge begegnen können.

Dankbarkeit - ein Praxistipp

Eine der Schwierigkeiten bei Depressionen ist das Versinken im Selbstmitleid. Es ist so einfach, sich zu beschweren und zu jammern. Ein wesentlicher Teil der Abhilfe für dieses Sich-beschweren ist es, das Gegenteil zu tun, das heißt, wir müssen bewusst einüben dankbar zu sein.

Donna, eine Frau, die bei mir in der Seelsorge war, hatte ein wirklich hartes Leben. Ihr zwanzigjähriger Sohn war bei einem Verkehrsunfall umgekommen. Daraufhin war ihr Ehemann zum Alkoholiker geworden und der jüngere Sohn - wen überrascht das - ließ sich deshalb kaum mehr zu Hause blicken.

Als ich Donna vorschlug mit Danken anzufangen, war ihre Antwort: „Ich habe nichts, wofür ich danken könnte!"

Ich fragte sie, ob sie an dem Tag etwas Leckeres gegessen hätte. Ja, das hatte sie, also schlug ich vor, dass wir beginnen könnten, Gott dafür zu danken. Dann machten wir weiter mit angenehmen Dingen, die sie gehört oder gesehen hatte. Als wir mit den ganz alltäglichen Dingen fortfuhren, wurde ihr klar, dass sie tatsächlich eine Menge hatte, für das sie Gott danken konnte. Dann gingen wir zu all den Dingen über, die in der Bibel über unsere Erlösung stehen und wie Gott uns erschaffen und erwählt hat. Damit waren wir weitere zehn Minuten beschäftigt.

Dann schlug ich vor, dass sie eine Liste mit all diesen Dingen erstellen und diese jeden Morgen und Abend durch beten sollte. Innerhalb weniger Tage war sie verblüfft darüber, wie dankbar sie Gott gegenüber geworden war. Ihre Situation würde sich vielleicht nie ändern, aber ihre Haltung veränderte sich. Statt ständig zu jammern und sich schlecht zu fühlen, war sie auf dem besten Weg, eine fröhliche Person zu werden.[11]

Wenn Gott uns auffordert „uns allezeit zu freuen" (Phil 4,4), dann hat Er einen Grund dafür. Das heißt nicht, dass wir unrealistisch werden müssen, sondern Menschen, die sich an Gott freuen und Ihn loben und Ihm danken, egal unter welchen Umständen.

J. O. Fraser war ein CIM-Missionar in Yunnan beim Volk der Lisu. Hier ein Auszug aus seiner Biografie, *Mountain Rain*.[12]

Er wurde von düsteren und irreführenden Gedanken gejagt. Hat Gott wirklich gesagt …? Diese Frage plagte ihn immer wieder, so klar und deutlich, wie sie einst am Anfang der Zeit gestellt wurde. Deine Gebete werden nicht erhört, oder? Niemand will deine Botschaft hören. Die wenigen, die zunächst geglaubt haben, sind wieder abgefallen, nicht wahr? Siehst du, es funktioniert einfach nicht. Was für eine blöde Anweisung, du hättest niemals in diesem Gebiet bleiben sollen. Du bist seit fünf Jahren in China und du hast nichts erreicht, oder? Du dachtest, es sei deine Berufung, Missionar zu sein; aber das war nur pure Einbildung. Am besten hörst du ganz auf, gehst zurück nach Hause und gibst zu, dass alles ein großer Fehler war.

Tag um Tag und Nacht um Nacht kämpfte er mit Zweifeln und selbstmörderischen Gedanken der Hoffnungslosigkeit. Selbstmord? Nicht nur einmal, sondern mehrere Male starrte er in die Schlucht hinunter bis in den Abgrund. Warum nicht einfach alles beenden?

Da erhielt James einen Brief, dem die Kopie einer Zeitschrift beilag. Darin stand ein Artikel darüber, wie man die Heilige Schrift zur Hilfe nimmt, um Satan zu widerstehen. Er schrieb:

Das hat bei mir funktioniert! Die dunkle Wolke der Depression verflüchtigte sich. Ich merkte, dass ich im geistlichen Bereich Sieg erringen konnte, wann immer ich wollte … Der Sieg war natürlich ein geistlicher. Die äußeren Umstände waren dieselben wie zuvor.

Später, als er mehr Erfahrung mit dem Gebrauch des Schwertes hatte, schrieb er:

Früher habe ich Tage gebraucht, um mich von einer solchen Niederlage (Depression) zu erholen. Danach … brauchte ich ein paar Stunden. Jetzt weiß ich, dass selbst das noch zu lang ist und lasse nur ein paar Minuten zur vollständigen Erholung zu.[13]

Kann Depression jemals nützlich sein?

Zurück zu E.T. Welch:

Wir unterliegen der falschen Annahme, dass göttliche Liebe und menschlicher Schmerz nicht nebeneinander existieren können. Das ist eine von Satans effektivsten Strategien, welche mit dem Evangelium der Gnade angegangen werden muss.[14]

Wir müssen für jeden, der depressiv ist, Hoffnungsträger sein. Indem wir uns biblische Beispiele anschauen, aber auch das Leben von anderen Christen, müssen wir unsere depressiven Freunde (und uns selbst) daran erinnern, dass Gott nichts von dem verschwendet, was wir Ihm überlassen, und dass Gott immer nur unser Bestes will. Das Beste ist nicht unser Wohlbefinden und Komfort (das ist eine Lüge der Welt!), sondern unsere geistliche Reife (Röm 8,28-29). Gott kann sogar eine Depression dazu gebrauchen, dass wir an Reife zunehmen. Und was noch erstaunlicher ist: Wenn wir uns Jesus unterordnen, kann Er unsere Erfahrungen sogar im Dienst für Ihn einsetzen. Wie es in 2. Korinther 1,3-4 steht: „Gelobt sei der Gott und Vater unseres Herrn Jesus Christus, der Vater der Barmherzigkeit und Gott alles Trostes, der uns tröstet in all unserer Bedrängnis, damit wir die trösten können, die in allerlei Bedrängnis sind, durch den Trost, mit dem wir selbst von Gott getröstet werden."

Diejenigen von uns, die durch das Tal der Depression gegangen sind, können zu anderen sagen: „Ich habe das selbst erlebt, ich verstehe dich und es gibt Hoffnung. Lass mich dir erzählen, wie Jesus mir geholfen hat."

Ein jedes Kind Gottes, das mit irgendwelchen Problemen (einschließlich Depressionen) zu tun hatte und erlebt hat, wie Jesus dadurch geistliche Reife bewirkt hat, wird verständnisvoller, mitfühlender und ein extrem brauchbares Werkzeug in Gottes wachsendem Reich.

. . .

Fragen zur Reflexion:

1. Hast du schon Entmutigung oder Depression in irgendeiner Form erlebt? Welche Verse oder Prinzipien hätten dir helfen können?

2. Mach dir eine eigene Liste von Versen oder Prinzipien und beginne damit, sie in deinem Leben anzuwenden!

3. Auf einer Skala von 0 -10, wie dankbar bist du?

4. Was sind die Folgen von Undankbarkeit? Was sind die Auswirkungen von Dankbarkeit?

5. Wie könntest du dankbarer werden?

Gebetsvorschläge:

1. Übe dich im Gebet und im Danken!

---

1. https://www.euro.who.int/de/health-topics/noncommunicable-diseases/mental-health/news/news/2012/10/depression-in-europe/depression-definition
2. E. T. Welch, "Understanding Depression", *Journal of Biblical Counseling* 18, no. 2 (Winter 2000): 9–10.
3. E. T. Welch, "Understanding Depression," 16–19.
4. Freie Übersetzung von E. T. Welch, "Understanding Depression", 14.
5. E. T. Welch, "Understanding Depression", 10.
6. E. T. Welch, "Understanding Depression", 10.
7. E. T. Welch, "Words of Hope for Those Who Struggle with Depression", *Journal of Biblical Counseling* 18, no. 2 (Winter 2000): 41.
8. E. T. Welch, "Words of Hope", 27.
9. E. T. Welch, "Words of Hope", 41.
10. https://www.healthline.com/health/depression/situational-depression
11. Die Bibel führt uns auch irgendwann zu der Überzeugung, dass sogar Dinge die sich nicht „gut" anfühlen uns nutzen können. (Heb. 12,5–11). In Philipper 4,4 steht, dass wir uns allezeit freuen sollen und vermutlich steht das auch für die Situationen da, die sich so überhaupt nicht „gut" anfühlen.
12. Eileen Crossman, *Mountain Rain* (Carlisle: Authentic Media, 1982), 71–72.
13. Crossman, *Mountain Rain*, 119.
14. Welch, "Understanding Depression", 14.

KAPITEL 14

DIREKTE GEISTLICHE ANGRIFFE

AM ENDE meines zweijährigen Vollzeit-Sprachstudiums begann ich, in einer taiwanesischen Gemeinde zu arbeiten, und war stark in Evangelisation und Jüngerschaftskursen involviert. Eines Nachts, während ich schlief, spürte ich die Hände eines Mannes an meinem Hals, die mich würgten. Im selben Moment überkam mich eine lähmende Furcht. Ich sah mich am Rand der Hölle stehen, von wo giftige Dunstschwaden der Angst zu mir herauf wehten. Ich wusste sofort, dass dies ein direkter dämonischer Angriff war und schrie: „Jesus, Hilfe!" Sofort waren die Hände und die Angst verschwunden.

Das war eine neue Erfahrung für mich. Von solchen Erlebnissen hatte ich in der westlichen Welt noch nie gehört. Voller Verzagtheit darüber, was die anderen Missionare wohl von mir denken würden, vertraute ich meinen Albtraum einer dienstälteren Kollegin an und war erleichtert als ich hörte, dass solche Erlebnisse bei Missionaren ziemlich häufig vorkommen.

Seitdem habe ich eine Menge solcher Geschichten gehört, von anderen Missionaren (sowohl Kurzzeit- als auch Langzeitmissionaren), von Einheimischen und vermehrt auch von solchen in westlichen Ländern.

Alle Erfahrungen haben einige gemeinsame Kennzeichen:

- Die Träume sind sehr lebhaft, ganz anders als gewöhnliche Albträume, weil die schlafende Person sich ihrer selbst bewusst ist und im Traum denken und reden kann. Das macht es oft schwierig feststellen zu können, ob man schläft oder wach ist.
- Atemnot oder ein Gewürgt-Werden kommen häufig vor. Viele beschreiben einen schweren Druck auf der Brust.
- Die schlafende Person erinnert sich am darauffolgenden Morgen noch sehr klar an den Traum.[1]

Nachdem ich einige dieser Träume erlebt hatte, fing ich an, diese öfter zu erwähnen und fand heraus, dass viele Menschen in Asien (Einheimische und Missionare) ähnliche Erfahrungen gemacht hatten. Bei den Einheimischen traten sie oft zu dem Zeitpunkt auf, als es um ihre Entscheidung ging Jesus nachzufolgen oder nicht. Durch die Träume kamen sie unter beträchtlichen Druck Jesus abzulehnen.

Seit meinem ersten Heimataufenthalt habe ich von meinen Erfahrungen anhand eines Brettspiels erzählt, bei dem die Teilnehmer die Enttäuschungen und Freuden des Missionarslebens erleben. Wenn sie eine Sechs würfelten, sagte ich: „Du hast diese Runde verloren, weil du einem direkten geistlichen Angriff ausgesetzt warst."

Während meiner ersten Heimataufenthalte schienen diese Bemerkungen die Hörer zu verwundern, also erklärte ich, was ich mit „geistlichen Angriffen" meinte und gab einige Erfahrungen weiter. Bei späteren Heimataufenthalten kam es jedoch immer öfter vor, dass die Teilnehmer von ähnlichen Erfahrungen berichteten.

Es ist wichtig, zwischen gewöhnlichen und dämonischen Albträumen zu unterscheiden. Die oben genannten Punkte mögen dabei helfen, aber es ist auch sinnvoll, sich zu fragen, was durch diese Träume erreicht werden soll. Für gewöhnlich treten sie in Zeiten wichtiger geistlicher Aufgaben auf. Zum Beispiel vor einer wichtigen Vortragsreihe, vor Versammlungen oder Evangelisationen; oder zu Zeiten, wenn man sich ernstlich darum bemüht Jünger heranzuziehen oder andere in der Evangelisation, Jüngerschaft oder Gemeindegründung anzuleiten.

Eine besonders hinterhältige Methode des Feindes ist es, uns Erwachsene über unsere Kinder anzugreifen.

Meine Eltern waren auch Missionare und als ich noch ein Kleinkind war, gab es eine Zeit, in der ich schlafwandelte und mit einer grässlichen, hohlen Stimme sagte: „Bong, bong, ich hasse Jesus. Bong, bong, ich hasse Jesus."

Das bedrückte sie sehr, weil sie so etwas noch nie erlebt hatten. Sie hatten weder Bücher noch Internet, wo sie diesbezüglich hätten nachschauen können und sie trauten sich nicht mit anderen Missionaren darüber zu sprechen, aus Angst ihre Organisation könnte sie nach Hause schicken oder zu dem Schluss kommen, sie seien schlechte Eltern.

Schlussendlich sprachen sie mit einem Mitarbeiter, der mehr Erfahrung hatte und ihnen einige Methoden aufzählte, mit denen Satan seine Angriffe durchführt. Er legte ihnen nahe, einige starke Gebetskämpfer herbeizurufen und jeden Abend vor dem Schlafengehen für meinen Schutz zu beten.

Das war die Lösung des Problem. Meine Eltern fanden auch heraus, warum ich immer „Bong, bong" gesagt hatte. Von meinem Zimmer aus konnte ich den Gong des örtlichen Tempels hören, der geschlagen wurde, um die Menschen in eine Art Trance zu versetzen und sie damit für dämonische Besessenheit offen zu machen.

War ich also besessen? Meine Eltern trieben keinen Dämon bei mir aus, aber ich war auf jeden Fall äußerlich unterdrückt und dazu benutzt worden, meine Eltern zu verängstigen. Sobald sie jedoch erkannt hatten, was los war, konnten sie eine Mauer aus schützendem Gebet um mich herum aufbauen.

Ich habe einige solcher Geschichten gehört, einschließlich der eines Kindes, das zu seinen Eltern, als sie gerade das Haus verlassen wollten, um einen geistlichen Dienst wahrzunehmen, sagte: „Bitte erzählt niemandem von Jesus, sonst bekomme ich schreckliche Albträume."

Eine ganze Zeit lang hörten die Eltern leider auf das Kind und holten sich keine Hilfe, vermutlich aus denselben Gründen wie meine Eltern. Unser Feind ist sehr geschickt darin, uns zu isolieren und zu überzeugen, dass wir die Einzigen sind, die eine solche Situation durchleben. Sein Ziel ist es, ein Verschweigen der Frohen Botschaft zu bewirken und uns für Gottes Reich unbrauchbar zu machen. Wenn wir uns dann nutzlos genug fühlen, ist es ein Leichtes, einfach aufzugeben und zu schweigen. Wenn wir jedoch den Mut haben, unseren Mund aufzumachen und über unsere Ängste und Schwächen zu sprechen, dann stellen wir fast immer fest, dass wir nicht alleine damit sind und dass andere erkennen können, was da gerade passiert.

Es gibt keine magische Formel, um Satan während eines solchen Traum-Angriffs in seine Schranken zu weisen. Wichtig ist, dass wir Jesus anrufen und auf Ihn vertrauen. Viele sagen zum Beispiel etwas über ihre Stellung in Christus, wie „Ich bin ein Kind des Königs des Universums. Du hast keine Macht über mich. Im Namen Jesu: Lass mich in Frieden!"

Diese direkten Angriffe machen es viel einfacher zu verstehen, was der Feind vorhat. Wenn wir uns nicht auf Gottes Verheißungen berufen und die Wahrheiten der Heiligen Schrift nutzen, um Satan zu bekämpfen, werden wir in Furcht gebunden sein. Und wenn wir der Angst erst einmal nachgegeben haben, dann scheint Satan eine Möglichkeit gefunden zu haben, unser Leben weiter zu beeinflussen.

Nachfolgend einige Verse und Geschichten, die hilfreich sein könnten:

1. Johannes 4,4

… Kinder, ihr seid aus Gott und habt jene überwunden, weil der, welcher in euch ist, größer ist als der, welcher in der Welt ist.

Wir dürfen niemals glauben, dass Satans Macht auf irgendeine Art Gottes Macht gleichkommt. Sie sind in keinster Weise „gleich, sondern entgegengesetzt". Gottes Macht ist viel, viel größer als alles, was Satan je aufbieten könnte.

Markus 1,21–28 ist nur ein Beispiel von vielen von Jesu Macht über Satan und seine Dämonen (Mk 5,1 ff.; Lk 4,31 ff.). Die Leute waren erstaunt, dass Jesus einfach „Verstumme!" sagen und dem Dämon befehlen konnte auszufahren. All diese Geschichten sind Veranschaulichungen der Wahrheit aus 1. Johannes 4,4.

Einige der Verse über Angst aus den vorhergehenden Kapiteln erinnern uns daran, dass Gott bei uns ist (Jos 1,9; Hebr 5,13).

Römer 8,31b, 38 und 39

... Ist Gott für uns, wer kann gegen uns sein? ... Denn ich bin gewiss, dass weder Tod noch Leben, weder *Engel* noch *Fürstentümer* noch *Gewalten*, weder Gegenwärtiges noch Zukünftiges, weder Hohes noch Tiefes noch irgendein anderes Geschöpf uns zu scheiden vermag von der Liebe Gottes, die in Christus Jesus ist, unserem Herrn.

(Hervorhebung hinzugefügt)

Unser Feind versucht, uns davon zu überzeugen, dass Gott weit weg ist und uns nicht helfen kann. Diese Verse erinnern uns daran, dass solche Aussagen Lügen sind.

Während einer Zeit, in der ich sehr mit Evangelisieren beschäftigt war, hatte ich drei Tage lang furchtbare Kopfschmerzen. Ich machte weiter, weil ich davon ausging, dass die Schmerzen nur eine stärkere Form der Kopfschmerzen seien, die ich oft aufgrund meiner oberen Halswirbelsäule habe. Plötzlich schoss mir jedoch der Gedanke durch den Kopf, dass diese Kopfschmerzen nicht die normalen, sondern die eines übernatürlichen Ursprungs waren. Ich zögere immer, bevor ich annehme, dass etwas übernatürlich ist, aber ich sprach einfach in den Raum hinein und sagte in etwa: „Satan, wenn diese Kopfschmerzen von dir sind, dann sollst du wissen, dass nichts mich jemals davon abhalten wird, die Frohe Botschaft von Jesus anderen weiter zu sagen. Ich bin Sein Kind und du hast keine Macht über mich. In Jesu Namen: Lass mich in Frieden!" Sofort verschwanden die Kopfschmerzen und seitdem habe ich keine solchen Kopfschmerzen mehr gehabt.

Satan scheint diese Art der direkten Angriffe auf mich vorläufig aufgegeben zu haben, vielleicht weil ich diese Angriffe schnell als von Satan kommend identifizierte und die Heilige Schrift dementsprechend anwandte. Ich vermute, dass er stattdessen nun subtilere Methoden anwendet, weil sie schwerer zu erkennen sind. Das könnten gehäufte Ablenkungen sein oder plötzlich auftretende Beziehungsschwierigkeiten, die emotional auslaugen. Wenn wir solche hinterhältigen Methoden nicht erkennen, merken wir wahrscheinlich nicht, dass wir unter einem direkten geistlichen Angriff stehen und setzen dann unser Schwert gar nicht ein.

Fragen zur Reflexion:

1. Welchen von Satans Methoden glaubst du? Widerlege diese mit passenden Bibelstellen (z. B. Joh 8,44: Er ist ein Lügner).

2. Wie können wir es vermeiden, Satan für alles die Schuld zu geben und uns so vor unserer eigenen Verantwortung für unsere Sünden zu drücken? Es gibt Gruppierungen, die glauben, dass jede Sünde und jede Schwäche durch dämonische Besessenheit verursacht wird. Ihre „Heilungsmethoden" bestehen in der Austreibung der Dämonen. Wie könntest du die Wahrheit herausfinden?

3. Woran könnte es liegen, dass es in der westlichen Welt viel weniger Austausch oder sogar Wissen über dieses Problem gibt? Falls es dir möglich ist, befrage einige Personen aus nicht-westlichen Kulturkreisen zu ihren Erfahrungen in diesem Bereich. Versuche nicht,

ihnen deine Sichtweise aufzudrängen, sondern höre einfach zu und vergleiche ihre Erfahrungen dann mit der Bibel.

4. Kannst du irgendwelche Situationen in deinem Leben erkennen, die satanische Angriffe gewesen sein könnten? Wie könntest du es vermeiden, Satan zu viel Einfluss zuzugestehen?

5. Wie hat dieses Kapitel deine Ansichten verändert?

6. Wie würdest du (auf biblische Art) mit einem solchen Angriff umgehen? Es lohnt sich, darüber nachzudenken, bevor solch ein Angriff kommt.

Gebetsvorschläge:

1. Lobe Gott dafür, dass Er der ist, der Er ist und für Seine Macht über Satan und dessen Dämonen!

2. Bitte Gott um Seinen Schutz für dich, deine Familie und deinen Dienst!

---

1. Eine andere Missionarin gibt an, dass sie nicht schlief als sie diese „Albträume" hatte. Sie waren eher wie Visionen.

KAPITEL 15

BITTERKEIT UND GROLL

Manch einer mag vielleicht denken: „Ja, die Bibel ist sehr hilfreich bei all den bisher genannten Punkten, aber bestimmt hilft sie mir in meiner Situation nicht weiter, wo mir doch ein so schreckliches Unrecht widerfahren ist."

Manche der Probleme der vorangegangenen Kapitel mögen jemandem, der das Opfer einer Tragödie geworden ist, banal erscheinen. Kann die Bibel wirklich jemandem helfen, der von seinem Vater vergewaltigt wurde? Kann Gottes Wort jemandem helfen, der zusehen musste, wie seine gesamte Familie vor seinen Augen ermordet wurde? Was ist mit jemandem, dem der Tod droht, weil er Christ geworden ist? Bestimmt genügt die Bibel unter solchen Umständen nicht?

In seinem zweiten Brief erinnert uns Petrus an die Bedeutung der Heiligen Schrift. Der Heilige Geist wirkt durch die Bibel, um uns zu geben „alles, was zum Leben und zum Wandel in Gottesfurcht dient" (2. Petr 1,3), damit wir ein wirkungsvolles und fruchtbares Leben als Christen führen können (V. 8).

Paulus schreibt etwas Ähnliches in seinem Brief an Timotheus:

> Alle Schrift ist von Gott eingegeben und nützlich zur Belehrung, zur Überführung, zur Zurechtweisung, zur Erziehung in der Gerechtigkeit, damit der Mensch Gottes ganz zubereitet sei, zu jedem guten Werk völlig ausgerüstet.
>
> (2. Tim. 3,16–17)

Beide Passagen erheben Anspruch darauf, dass eine praktische Anwendung der Heiligen Schrift in unserem Leben für jede Situation mehr als ausreichend ist. Ein Pastor oder Freund mag uns vielleicht bei unserem Problem helfen, aber diese Hilfe sollte immer darauf ausgerichtet sein uns zu unterstützen, den Umgang mit unserem Schwert einzuüben. Abgesehen davon sollten solche Mentoren vor allem zuhören, Fragen stellen, lieben und für und mit uns beten. Das alles dient dazu, dass wir unsere Probleme selbst reflektieren können.

Es gibt drei vorrangige und miteinander verbundene Themen, mit denen sich Opfer von Unrecht auseinander setzen müssen. Das erste hat mit dem Unrecht, das geschehen ist, zu tun und damit ob es Gott egal ist oder nicht. Das zweite hat mit Wut, Hass und Vergebung zu tun. Das dritte sind die geringen Selbstwertgefühle und die falschen Schuldgefühle, die Opfer solcher Ungerechtigkeiten oft plagen.

Wut ist eine normale Reaktion bei erlebtem Unrecht. Wenn der Wut jedoch freie Bahn gelassen wird, verwandelt sie sich bald in Hass und Bitterkeit. Schlussendlich können diese Gefühle mehr Schaden anrichten als die ursprüngliche Tragödie an sich.

Vergebung für erlebtes Unrecht oder Missbrauch mag unmöglich erscheinen, aber wenn wir nicht vergeben, sind wir diejenigen, die letztendlich am meisten leiden.

Wir wollen jedes dieser drei Themen nacheinander betrachten.

. . .

1. Warum ich? Interessiert das Gott überhaupt oder ist Er machtlos?

Corrie ten Boom war während des Zweiten Weltkriegs im Konzentrationslager Ravensbrück interniert, weil ihre Familie Juden vor den Nazis versteckt hatte. Abgesehen von ihrem eigenen Leiden musste sie zusehen, wie ihre geliebte Schwester und viele andere starben.[1]

Sokreaksa Himm musste zusehen, wie seine gesamte Familie abgeschlachtet wurde. Er selbst wurde auch verletzt und lag unter ihren Leichen begraben, bevor er in Sicherheit kriechen konnte.[2]

Ich bin mir sicher, Satan verleitete jeden dieser Menschen dazu zu fragen: „Warum ich? Was habe ich getan, um diesen Schmerz zu verdienen oder diese Attacke zu provozieren? Ist das eine Strafe Gottes?" Vielleicht wussten sie, dass sie unschuldig waren, fragten sich aber, ob Gott das auch wusste, ob es Ihn überhaupt interessierte oder ob Er einfach nicht in der Lage war, ihnen zu helfen.

Obwohl diese Gedanken und Fragen ganz normal sind, ist es wichtig, dass wir uns damit beschäftigen, denn jeder einzelne dieser Gedanken kann uns dazu bringen, Gottes Güte und Macht anzuzweifeln. Es ist weit verbreitet, dass Menschen Annahmen über Gottes Charakter treffen und dann vor dem schrecklichen Gott, den sie sich ausgedacht haben, zurückschrecken. Das ist ein Trauerspiel, weil sie damit vor dem Einzigen weglaufen, der mit ihren Verletzungen und den Grausamkeiten, die sie erlebt haben, umgehen kann.

Es ist ein langwieriger Prozess, jeden Gedanken gefangen zu nehmen und zu kontrollieren. Der beste Weg, um über die dafür notwendigen Schriftstellen zu reflektieren, ist es, dies mit viel Gebet in der Gegenwart von liebenden Freunden, Pastoren oder Seelsorgern zu tun.

Die „Warum ich?"-Frage wird in verschiedenen Stellen der Bibel behandelt: Hiobs Geschichte, der Tod der achtzehn Menschen, als ein Turm zusammenbricht (Lk 13) und die Heilung des blind geborenen Mannes (lies Joh 9 für eine ausführlichere Betrachtung dieses Textes). Jedes dieser Beispiele zeigt, dass es selten nur einen einzigen Grund dafür gibt, warum Dinge passieren. Abgesehen davon haben wir im

Beispiel des Leben Jesu sogar den Beweis dafür, dass selbst völlig Unschuldigen Böses geschehen kann. Das Gesetz von Ursache und Wirkung (Karma) stimmt nicht. Manchmal leiden wir einfach nur deshalb, weil wir in einer Welt leben, in der es das Böse gibt und in der sich Menschen dazu entscheiden gegen Gott zu rebellieren.

„Interessiert das Gott überhaupt?" Lies dazu die Bibelstellen, die davon sprechen, dass Gott über unseren Schmerz weint. Denk an Jesu Worte in Matthäus 23,37, wo Er auf Jerusalem schaut und den Schmerz sieht, den diese Stadt erleben wird:

Jerusalem ... Wie oft habe ich deine Kinder sammeln wollen, wie eine Henne ihre Küken unter die Flügel sammelt ...

In Johannes 11 weinte Jesus im Haus des Lazarus. Warum weint Er, wenn Er doch weiß, dass Er Lazarus von den Toten auferwecken wird? Einer der Gründe dafür ist bestimmt der, dass Jesus über den Schmerz weint, den seine Freunde erleiden, und über den Schmerz, den Krankheit und Tod bei allen Menschen hervorruft.

Denke einmal in Ruhe darüber nach, was es für Jesus bedeutet haben muss, in dieser Welt zu leben. Kapitel 13 enthält eine Liste der Leiden, die Jesus durchlitt. Außerdem hat Jesus den normalen Schmerz von Krankheit, Trauer und Alleinsein ertragen. Er muss sich oft allein und missverstanden gefühlt haben, schließlich gab es auf der ganzen Erde kein einziges Wesen, das wie Er gewesen wäre. Wir können Jesus nicht vorwerfen, unsere Umstände nicht nachvollziehen zu können oder gleichgültig zu sein. Hebräer 4,15 erinnert uns daran, dass Jesus unsere Schwächen nachempfinden kann, weil Er denselben Versuchungen ausgesetzt war wie wir.

Denke einmal in Ruhe über Gott als König nach sowie über Seine uneingeschränkte Kontrolle über alles. Die Geschichten von Josef (1. Mose 37-50), Daniel (Dan 1-6) oder Jesus können ein wirklicher Trost sein. Sie alle mussten sehr viel leiden, obwohl sie unschuldig waren.

Aber in jeder dieser Lebensgeschichten hat Gott Gutes für Sein Königreich bewirkt. Was Josef und Daniel erlitten, ließ ihren Charakter Gott ähnlicher werden und beschenkte sie mit großem Einfluss, der viele andere veranlasste, Gott ebenfalls nachzufolgen.

Wir lesen noch einmal Römer 8,28–29:

> Wir wissen aber, dass denen, die Gott lieben, alle Dinge zum Besten dienen, denen, die nach dem Vorsatz berufen sind. [und Sein Vorsatz ist] ... dem Ebenbild seines Sohnes gleichgestaltet zu werden ...

Mag sein, dass wir an unserem Leiden sogar sterben (wie Corrie ten Booms Schwester), aber diese Verse sagen uns zu, dass wir, wenn wir Gott in unserem Leiden vertrauen, Er uns Jesus ähnlicher machen wird. Ein verändertes Leben wird andere ebenfalls zu Jesus führen. Im Himmel, so unglaublich das jetzt auch klingen mag, werden wir jubeln und Gott loben für das, was Er durch unseren Schmerz bewirkt hat.

Denke über Gott als den Gott der Gerechtigkeit nach. Das Wissen darum, dass Gott zu jeder Zeit in der Bibel immer alles gesehen hat, kann uns immensen Trost geben. Sein Blick auf die Situation ist völlig ungetrübt durch Informationsmangel oder irrtümliche Wahrnehmung der Probleme. Gott wird richten. Keine Bosheit wird Seinem Urteil entkommen. Psalm 73 beschreibt einen Mann, der mit Ungerechtigkeit kämpfte, und zeigt auf, wie er sein Wissen über Gott dazu verwendete, den Kampf um seine Gedanken zu wagen und zu gewinnen.

Wenn wir darauf vertrauen, dass Gott richten wird und dass es nicht unsere Aufgabe ist, uns zu rächen (Röm 12,19), dann werden wir frei dafür, uns auf den Weg der Vergebung zu begeben.

2. Vergebung

Selbst unter Christen gibt es Meinungsverschiedenheiten darüber, was Vergebung ganz praktisch bedeutet. Zum Beispiel, ob man Menschen vergeben sollte, die niemals Reue zeigen, oder wie man Vergebung in bestimmten Situationen anwendet. Einige Dinge jedoch sind sehr klar, weil die Bibel sehr deutlich, ja schockierend deutlich (aus unserer Sicht), darüber spricht. Nachfolgend einige dieser Bibelstellen.

Matthäus 6,14–15

> Denn wenn ihr den Menschen ihre Verfehlungen vergebt, so wird euer himmlischer Vater euch auch vergeben. Wenn ihr aber den Menschen ihre Verfehlungen nicht vergebt, so wird euch euer Vater eure Verfehlungen auch nicht vergeben.

In den Evangelien macht Jesus mehrere Male deutlich, dass die Vergebung, die wir von Gott erhalten, mit unserer Bereitschaft anderen zu vergeben zusammenhängt. Wenn wir uns weigern zu vergeben, zeigt das, dass wir nicht verstehen, wie viel Gott uns vergeben hat. Indem wir unsere Vergebung verweigern, weigern wir uns auch Gott zu vertrauen, dass Er weiß, was das Beste für uns ist. Wenn Er uns sagt, dass wir vergeben sollen, zeigt Er uns in Wirklichkeit den einzigen Weg zur Heilung auf. Echte Heilung kann nur stattfinden, wenn wir Groll und Bitterkeit loslassen und uns entscheiden zu vergeben.

Wir vergeben jedoch nicht nur, damit uns vergeben wird oder damit unser Herz Heilung erfährt, sondern wir vergeben, weil der Akt der Vergebung Gott Ehre bringt. Gott wird auch durch die schiere Unermesslichkeit und Großzügigkeit Seiner Vergebung verherrlicht. Wenn wir uns entscheiden anderen zu vergeben, dann verkünden wir damit Seine Herrlichkeit, denn ohne die Tatsache, dass Gott uns zuerst vergeben hat, hätten wir niemals den Wunsch oder die Kraft, irgendjemandem zu vergeben. Jedes Mal wenn wir uns entscheiden, jemandem zu vergeben, verkünden wir damit das Evangelium der Vergebung und ein Wunder geschieht. Wenn wir vergeben, sollten die

Menschen Gott dafür preisen, dass Er einen solch übernatürlichen Vorgang ermöglicht hat.

Matthäus 18,21–35

Das Gleichnis vom unbarmherzigen Knecht ist eine der deutlichsten Passagen über Vergebung in der Bibel. Einem Knecht wird eine sehr große Schuld erlassen. Er geht weg und verlangt sofort eine Rückzahlung von einem anderen Knecht, der ihm eine weitaus kleinere Summe schuldet. Die Aussage des Gleichnisses ist, dass Gott uns alles vergeben hat und jene andere Person uns nur eine vergleichsweise geringe Summe schuldet. Wie können wir also irgendjemandem Vergebung vorenthalten?

Ein möglicher Grund ist der, dass wir nicht verstehen, wie sündig wir sind oder wie viel Gott uns vergeben hat. Wir denken gerne, dass wir gar nicht so schlecht sind. Der Unterschied zwischen dem Unrecht, das andere uns angetan haben, und dem Unrecht, das wir Gott angetan haben, ist wie der Unterschied zwischen einem Tischtennisball und der Sonne!

Wir müssen Gott darum bitten, uns mehr und mehr das Ausmaß unserer eigenen Sünden zu verdeutlichen. Er ist ein guter und gnädiger Gott, dem wir vertrauen können, dass Er uns nicht mit allem auf einmal überfordern wird. Durch den regelmäßigen Versuch uns so zu sehen, wie die Bibel uns sieht, als „durch Gnade gerettete Sünder", werden wir verstehen, dass jede Sünde uns gegenüber ein viel geringeres Ausmaß hat als unsere Sünden in all den Jahren, in denen wir unser Leben ohne Gott geführt und Ihn als irrelevant betrachtet haben.

Kolosser 3,13

> Ertragt einander und vergebt einander, wenn einer gegen den anderen zu klagen hat; gleichwie Christus euch vergeben hat, so auch ihr.

Wir sollen die Vergebung, die Gott uns geschenkt hat, weitergeben. Das heißt, dass wir immer und immer wieder vergeben sollen, „siebzigmal siebenmal" - das bedeutet, wir sollen unendlich oft vergeben (Mt 18,22). Die schockierte Reaktion von Petrus auf Jesu Maßangabe zeigt, welch weiten Weg er in dieser Hinsicht noch zu gehen hatte.

Gottes Vergebung war kostspielig. Sie kostete Jesus das Leben und all die Beschwernisse eines Lebens auf dieser Erde. Und es kostet Ihn zusätzlich ganz viel Kummer, weil Er sich mit dem Schmerz identifiziert, den wir verursachen, indem wir weiter sündigen und die Folgen von Sünde erleiden. Wir dürfen niemals denken, dass Gott weit weg von unserem Schmerz ist, nur weil Er im Himmel lebt. Wie es in Jesaja 53,3 heißt, ist Er „ein Mann der Schmerzen und mit Leiden vertraut". Weil Jesus auf dieser Erde gelebt hat, versteht Er uns und leidet mit uns in unserer Traurigkeit. Er hat all die Ungerechtigkeiten gesehen, die wir erleiden, und sie sind Ihm alles Andere als gleichgültig (Ps 10,13 ff., Hes 6,9).

Weil Gottes Vergebung unserer Sünden Ihm so teuer zu stehen kam, sollten wir nicht überrascht sein, dass uns unsere Vergebung bei anderen Menschen auch etwas kostet. Wie ein Freund in einer Predigt darlegte, ein jedes dieser folgenden Versprechen wird seinen Preis kosten.[3]

i. Die Sache nicht wieder auf den Tisch zu bringen und gegen den Täter zu verwenden.

Es kann sein, dass du meinst, das Recht zu haben, die Sache wieder hervorzuholen, schließlich bist du verletzt worden. Aber indem du vergibst, verzichtest du auf dieses Recht und entscheidest dich, die Sache ruhen zu lassen.

ii. Die Sache nicht weiterzuerzählen.

iii. Dich selbst nicht länger mit der Sache zu beschäftigen.

Gottes Vergebung dauert an und so muss unsere Vergebung auch andauern. Hebräer 8,12 zitiert Jeremia 31,34, wo es heißt:

... denn ich [Gott] werde ihre Missetat vergeben und an ihre Sünde nicht mehr gedenken!

Es ist ja nicht so, dass Gott ein schlechtes Gedächtnis hätte; nein, Er entscheidet sich dafür, so zu handeln, als ob es keine vorige Sünde gegeben hätte.

Als ich ein Teenager war, wurde einmal ein Erwachsener wegen eines kleinen Missverständnisses sehr wütend auf mich. Ich baute eine Angst vor der Person auf, weil ich nicht mehr abschätzen konnte, wann sie mir gegenüber wieder die Nerven verlieren würde. Doch mir wurde schnell klar, dass, egal ob ich ursprünglich im Unrecht gewesen war oder nicht, ich so lange im Unrecht war, wie ich mich weigerte zu vergeben. Ich entschied mich also dafür, der Person zu vergeben, obwohl sie mich nie um Entschuldigung gebeten hatte (wahrscheinlich war ihr nie aufgefallen, was passiert war oder sie hatte nicht bemerkt, wie sehr unsere Beziehung dadurch belastet wurde). Es wäre vielleicht vernünftiger gewesen, wenn ich das Gespräch gesucht hätte. Stattdessen brachte ich meine eigene innere Einstellung vor Gott und tat Buße, so wie es nötig war. Dann entschied ich mich dafür, die Vergebung, die ich von Jesus geschenkt bekommen hatte, zu gebrauchen und dieser Person zu vergeben. Jedoch tauchte die Erinnerung an das Ereignis immer wieder in meinem Kopf auf und sogar während ich dies schreibe, kann ich mich noch an das furchtbare Gefühl erinnern. Aber Vergebung bedeutet, dass ich mich jedes Mal, wenn die Erinnerungen wieder hochkommen, neu entscheiden muss zu vergeben. Vergebung ist ein fortlaufender Prozess, eine ständige Anwendung des Blutes Jesu Christi auf gewisse Situationen und unsere Erinnerungen daran.

Nachdem nun Zeit vergangen ist, empfinde ich den Schmerz als weniger schlimm und es ist einfacher geworden, mit den Erinnerungen umzugehen. Ich habe mich dafür entschieden, der Person so zu begegnen, als hätte sie mich niemals verletzt. Erstaunlicherweise habe ich jetzt eine enge Freundschaft mit dieser Person und ihrer

Familie. Mich schaudert bei dem Gedanken, was mir entgangen wäre, wenn ich mich geweigert hätte zu vergeben. Der Preis für die Entscheidung, nicht zu vergeben, ist auch hoch.

Wie aber sieht diese Vergebung nun eigentlich aus? Wenn ich jemandem vergebe, bedeutet das etwa, dass das, was mir angetan wurde, in Ordnung war, dass ich diese Sünde billige? Das Kreuz Christi sagt uns deutlich, dass Sünde von Bedeutung ist. Gott lächelt nicht einfach, tätschelt uns den Kopf und sagt: „Das macht nichts, tu es einfach nicht wieder."

Ein Gott, der das täte, wäre ein Monster, weil Er damit sagen würde, dass Inzest, Mord, Eifersucht, Scheidung und aller Schmerz und alles Unrecht keine große Sache wären. Wer würde einem solchen Gott dienen wollen? Das Kreuz zeigt uns, dass Sünde von Bedeutung ist; sie kann nicht einfach so abgetan werden. Tatsächlich ist die einzige Art und Weise, wie unsere tödliche Sünden-Krankheit behandelt werden kann, die, dass ein perfekter Gott unsere Sünde auf sich nimmt und an unserer Stelle leidet. Sünde hat ein solches Gewicht, dass es das wertvolle Blut Jesu gekostet hat, um ihre schrecklichen Auswirkungen zu heilen. Wenn wir also vergeben, dann heißt das nicht, dass Sünde nicht schlimm ist. Wenn wir jemanden lieben, werden wir niemals behaupten, dass das, was dieser Person angetan wurde, unbedeutend ist. Stattdessen werden wir aufzeigen, wie bedeutend diese Erlebnisse sind, indem wir das Evangelium als die einzige Möglichkeit darstellen, um mit Sünde fertig zu werden. Dann erklären wir noch, dass wir nur vergeben können, weil Jesu Kraft in uns wirkt: Genau dieselbe Kraft, durch die Er uns vergeben hat. Solche Worte sind kraftvoll und befreiend, weil sie ausdrücken: „Ich werde dich nicht so behandeln, wie du mich behandelt hast, sondern so wie Gott mich durch Jesus behandelt hat."

Vergebe ich jemandem nur, wenn er bereut, was er getan hat?

Interessanterweise enthalten die meisten Anweisungen, anderen zu vergeben, keine Vorbedingungen. Wir vergeben anderen, weil

Christus uns vergeben hat und weil es für unsere geistliche (sowie emotionale und körperliche) Gesundheit notwendig ist zu vergeben. Wir vergeben, weil wir Jesus gehorsam sind, nicht weil uns gerade danach ist. Ich stelle mir vor, dass in manchen Situationen immer wieder eine erneute Entscheidung nötig sein wird, und zwar sich bewusst an Gottes Vergebung zu erinnern und sich fürs Vergeben zu entscheiden, immer und immer wieder. Satan wird versuchen, uns an die Sünde der anderen Person zu erinnern, aber dann müssen wir Gottes Wort dagegen halten.

Lukas 17,3 enthält jedoch eine Vorbedingung.[4] Hier steht: „Wenn aber dein Bruder gegen dich sündigt, so weise ihn zurecht; und wenn es ihn reut, so vergib ihm." Bedeutet das, wir sind von der Notwendigkeit zu vergeben befreit, wenn sich jemand weigert zu bereuen? Das würde dann allen anderen Bibelstellen, die sich auf dieses Thema beziehen, widersprechen.

Vielleicht ist es hilfreich, Vergebung als eine Verbindung zweier Komponenten zu sehen, einer vertikalen und einer horizontalen. Der vertikale Teil der Vergebung betrifft die Beziehung zwischen Gott und uns. Unsere Sünde macht es notwendig, dass wir erst bereuen, bevor uns diese Sünde vergeben werden kann. Das heißt nicht, dass wir uns die Vergebung verdienen müssten, indem wir bereuen, sondern so funktioniert es halt einfach. Wir können Vergebung erhalten, weil Jesus am Kreuz für uns gestorben ist, aber sie ist für uns bedeutungslos, wenn wir nicht darum bitten. Wir müssen unsere Sünde erst zugeben, Buße tun und um Gottes Vergebung bitten.

Der horizontale Teil der Vergebung betrifft den zwischenmenschlichen Bereich. Nachdem uns von Gott vergeben wurde, müssen wir zeigen, dass wir diese Vergebung verstanden haben, indem wir anderen vergeben, egal, ob sie bereuen oder nicht. Diese Art von Vergebung erfordert von uns eine veränderte Einstellung. Am Kreuz bat Jesus um Vergebung für die, die ihn töteten, und Stephanus bat Gott denen zu vergeben, die ihn steinigten, obwohl es keine Anzeichen von Reue bei den Tätern gab. Eine solche Reaktion ist wesentlich für unsere ungestörte Beziehung zu Gott.

Damit jedoch unsere weltlichen Beziehungen wieder hergestellt werden können (d.h., damit Versöhnung geschehen kann), scheint es, als müsse der Missetäter bereuen. Erst wenn ihm die Schwere seiner Schuld bewusst wird und er vor Gott und dann vor uns Buße tut, kann die Beziehung wieder vollständig hergestellt werden.

In seinem Buch *Unpacking Forgiveness*[5] schreibt Brauns:

> Gottes Vergebung ist gnädig, aber nicht gratis ... sie ist nicht bedingungslos ... sie ist eine Verpflichtung ... sie legt das Fundament für und beginnt den Prozess der Versöhnung, [aber das] bedeutet nicht die Beseitigung aller Auswirkungen.

Er definiert Gottes Vergebung als:

> Eine Zusage des einen wahren Gottes, denjenigen gnädig zu vergeben, die bereuen und glauben, damit sie mit ihm versöhnt werden können, dennoch beseitigt diese Zusage nicht alle Auswirkungen.[6]

Dies wird am Fall von Davids Sünde deutlich gemacht. Seine Buße beseitigte nicht die Auswirkungen seiner Tat. Uria war immer noch tot, Batseba war immer noch schwanger und ihr Kind starb, das waren die Folgen. David musste mit seinen Schuldgefühlen leben und doch konnte seine Beziehung zu Gott geheilt werden aufgrund von Gottes Gnade David gegenüber (2. Sam 11 und 12).

Einige der Folgen, die unbeseitigt bleiben könnten, sind ein berechtigter Mangel an Vertrauen und die Vorsicht davor, sich selbst wieder in Gefahr zu begeben. Das trifft besonders in Fällen von sexuellem Missbrauch zu. Selbst wenn man jemandem vergeben hat, wäre es dennoch äußerst unklug, vertrauensvoll wieder mit dieser Person alleine zu sein. Im Gegenteil wäre es weise zu sagen, dass man nie wieder mit dieser Person alleine sein sollte und falls es unumgänglich ist diese Person zu treffen, dann sollte man sichergehen, dass immer jemand anderes dabei ist.

Ein weiterer Schritt im Vergebungsprozess ist es, anzuerkennen, dass Gerechtigkeit Gottes Sache ist. Er sieht alles und Er wird handeln.

Römer 12,17–21

Vergeltet niemand Böses mit Bösem! ... Ist es möglich, soviel an euch liegt, so haltet mit allen Menschen Frieden. Rächt euch nicht selbst ... sondern gebt Raum dem Zorn [Gottes]; denn es steht geschrieben: »Mein ist die Rache; ich will vergelten, spricht der Herr«. »Wenn nun dein Feind Hunger hat, so gib ihm zu essen; ...! Wenn du das tust, wirst du feurige Kohlen auf sein Haupt sammeln.« Lass dich nicht vom Bösen überwinden, sondern überwinde das Böse durch das Gute!

Wir müssen zugeben, dass wir weder die Macht noch die Weisheit haben, angemessen zu bestrafen, und darauf vertrauen, dass Gott, dem nichts verborgen ist, zu Seiner Zeit ein gerechtes Urteil fällen wird. Wir sehnen uns oft nach Rache, aber Gott sehnt sich danach, dass jeder Ihn kennenlernt und Ihn ehrt. Unsere Vergebung und unser Verzicht auf Rache kann vielleicht genau das sein, was unseren Peiniger zu Jesus führt und ihn dann verändert.

Heißt das, dass Christen niemals jemanden verklagen oder strafrechtlich verfolgen? Auf keinen Fall, aber es wäre wichtig unsere Motive zu überprüfen: Warum tun wir das? Wenn wir nicht aus Rache handeln, sondern weiteres Unrecht und Schmerz verhindern wollen, dann mag ein Gerichtsverfahren sogar unerlässlich sein.

3. Vergebung und Trauma

Eine andere Methode, mit der Satan gerne Opfer angreift, ist die, sie davon zu überzeugen, dass ihr Leid irgendwie zumindest teilweise ihre eigene Schuld sei. Es ist dann sehr leicht, falsche Schuldgefühle zu haben, wie etwa: „Wenn ich an jenem Tag das Auto nicht gefahren hätte, dann wäre mein Sohn vielleicht jetzt noch am Leben."

Ein guter Umgang mit Schuldgefühlen (falschen oder anderen) wird in verschiedenen Schritten im Kapitel 10 behandelt. Das heißt, wo nötig Buße tun und dann darauf vertrauen, dass jegliche Sünde vergeben wurde. Bei falschen Schuldgefühlen ist es nötig, Wahrheit in die Situation hineinzubringen. Zum Beispiel muss ein Opfer von Inzest sich daran erinnern, dass die Sünde nicht seine eigene ist. Niemand muss sich schuldig fühlen oder für etwas schämen, was andere ihm angetan haben.

Leider sind ein geringes Selbstwertgefühl und Selbsthass sehr häufig bei Menschen verbreitet, die vergewaltigt oder missbraucht wurden (s. Kapitel 12 für Verse, um mit einem geringen Selbstwertgefühl umzugehen). Diese Art von Missbrauch beeinflusst ganze Familien. Ein liebender Freund, der zuhört und eine solche Person beständig auf Jesus und Sein Wort hinweist, ist hier unglaublich wertvoll. Der Fokus sollte darauf liegen, zu verinnerlichen, wie Gott uns sieht.

Sokreaksa Himm war noch ein Teenager, als die Roten Khmer in Kambodscha an die Macht kamen. Nach langem Leiden, dazu gehörte der drohende Hungertod, viele Todesdrohungen und Prügel, die einem Bruder fast das Leben gekostet hätten, wurde seine Familie 1977 in den Dschungel getrieben. Sie wurden gezwungen, ein tiefes Loch auszuheben. Die gesamte Familie, das heißt Eltern, neun Geschwister, ein Neffe und eine Schwägerin, wurden mit Spitzhacken und Schaufeln zu Tode gehackt und fielen in das Loch. Auch Sokreaksa fiel in das Grab, verletzt, aber am Leben, zugedeckt von den Leichen seiner Eltern und Geschwister. Er war der Einzige, der überlebte. Später schaffte er es, sich aus dem Grab zu befreien. Daraufhin verbrachte er Monate im Dschungel, voller Trauer und nahe dem Hungertod, bis ein mutiger Nachbar ihn bei sich aufnahm.

Später flüchtete er durch die Minenfelder nach Thailand und konnte letztendlich nach Kanada auswandern. Währenddessen wurde er Christ und Gott begann mit dem langen Prozess, seine posttraumatische Belastungsstörung zu heilen. Er hatte oft Panikattacken und wiederkehrende Albträume, in denen er seine Traumata erneut durchlebte. Schließlich machte seine Heilung jedoch Fortschritte und er wollte nach Kambodscha zurückkehren, um Gott dort zu dienen. Er war davon überzeugt, dass sein Land die Macht von Gottes Vergebung kennenlernen musste.[7]

In Kambodscha kam Sokreaksa zu der Überzeugung, dass es Gottes Wille war, die Mörder seiner Familie zu treffen und ihnen zu vergeben. Lange Zeit weigerten sich die Mörder ihn zu treffen, weil sie glaubten, dass er hinter seinen seltsamen Reden von Vergebung nur seinen Wunsch nach Rache versteckte. Letztendlich konnte er sie jedoch treffen und Gottes Vergebung mit ihnen teilen.

Im zweiten Band seiner Autobiografie schrieb Sokreaksa Himm:

> Zwölf Jahre nachdem ich den Mördern meiner Familie vergeben habe, stelle ich fest, dass mein Leben sich dramatisch veränderte. Ich bin viel gesünder und meine Depression ist verschwunden. Ich brauche keine Beruhigungsmittel mehr, weil der Friedensfürst mein Leben regiert. Mein Geist ist zur Ruhe gekommen und meine Lebensfreude ist zurückgekehrt. Die Gefängnistür meines Herzens wurde aufgebrochen, der Hass ist an der Wurzel ausgerissen und die Bitterkeit davon gespült worden durch das Lebenswasser des Heiligen Geistes ... Das Feuer des Zorns ist erloschen und ich habe Frieden gefunden. Ich habe festgestellt, dass es unmöglich ist, den Zorn über das, was die Mörder getan haben, loszulassen, aber ich habe gelernt, dessen Macht zu überwinden. Dieser Zorn hat keine Auswirkung mehr auf mein Leben und kann mich nicht mehr unglücklich machen.[8]

Fragen zur Reflexion:

1. In welchen Bereichen fällt es dir schwer zu vergeben?

2. Stimmst du den Ansichten in diesem Kapitel zu oder eher nicht? Es ist in Ordnung, anderer Meinung zu sein, solange deine Ansichten den Ansprüchen der Heiligen Schrift standhalten. Suche in Gottes Wort nach Seinen Antworten!

3. Erstelle eine Liste von Prinzipien, Versen und Geschichten aus der Bibel, die dir in deiner speziellen Situation helfen!

Gebetsvorschläge:

1. Nimm dir Zeit, über Gottes Vergebung nachzudenken! Wo gilt sie dir ganz speziell? Lobe Gott dafür!

2. Bitte Gott darum, dir die Menschen zu zeigen, denen du noch nicht vergeben hast! Bitte um Vergebung für dein Nachtragend sein, deine Bitterkeit oder was immer in deiner Situation angebracht ist!

3. Bitte um Kraft zu vergeben und immer wieder neu zu vergeben!

---

1. Corrie Ten Boom, John Sherrill, and Elizabeth Sherrill, *The Hiding Place* (London: Hodder and Stoughton, 2004).
   Mit Gott durch dick und dünn Corrie Ten Boom und Jamie Buckingham (R. Brockhaus Taschenbuch Bd.312, 1975), sprachlich angepasste Wiedergabe.
2. Sokreaksa Himm, *The Tears of My Soul* (Oxford: Monarch Books, 2006).
3. Kevin Reid, Predigtthemen.
4. Ich stehe in der Schuld eines Freundes aus meiner Zeit in der Bibelschule, Kevin Reid, der mich einst auf diesen Vers aufmerksam machte und mir erlaubte eine seiner Predigten über Vergebung zu lesen. Viele seiner Argumente und Ideen habe ich in diesem Kapitel verarbeitet.
5. Chris Brauns, *Unpacking Forgiveness* (Wheaton: Crossway Books, 2008), 45–49.
6. Brauns, *Unpacking Forgiveness*, 51.
7. Sokreaksa Himm, *The Tears of My Soul* (Oxford: Monarch Books, 2006).
8. Sokreaksa Himm, *After the Heavy Rain* (Oxford: Monarch Books, 2007), 123.

SCHLUSSWORT

Dieses Buch konzentriert sich darauf, den Gebrauch vom Schwert des Geistes, dem Wort Gottes, zu erlernen, um den Kampf um unsere Gedanken zu gewinnen. Wie bei vielen Kämpfen dieser Art ist das kein einmaliges Ereignis. Gottes Wort lässt sich nicht wie ein Abrakadabra-Zauberspruch anwenden, der all unsere Probleme in einer Millisekunde löst. Sondern wie beim Schwertkampf braucht es Zeit und Übung, um effektiv und erfolgreich kämpfen zu lernen. Am Anfang werden unsere Schwertkampfmuskeln schmerzen, wir bekommen blaue Flecken und stolpern über unsere eigenen Füße, weil wir die Fähigkeiten, die wir brauchen, noch nicht beherrschen. Wie bei jedem Kampf wird es uns viel Kraft kosten, darum zu kämpfen, jeden Gedanken gefangen zu nehmen. Aber mit der Zeit und mit viel Übung wird der Schwertkampf fast wie von selbst gelingen.

Ich finde es bedeutend einfacher zu üben, wenn ich körperlich, emotional und geistlich auf der Höhe bin. Und umgekehrt, wenn ich in diesen Bereichen nicht fit bin, bin ich viel anfälliger für Satans Angriffe. Er spielt niemals fair, also müssen wir mit der Kraft des Heiligen Geistes, die uns gegeben ist, durchhalten.

Mein Gebet ist es, dass die Anwendung der Prinzipien dieses Buches dich dahin führt, daran zu glauben und sie tief in deinem Herzen zu bewahren, anstatt sie nur oberflächlich in Erinnerung zu behalten. Mögen sie ein Teil von dir werden, und mögest du dann in der Lage sein, das, was du gelernt hast, weiterzugeben, um die zu segnen, die von dir lernen.

Nachfolgend steht eine letzte Geschichte. Ein vortreffliches Beispiel für den Schwertkampf in einer Situation, in der Vergebung nahezu unmöglich zu sein scheint.

Corrie ten Booms Familie waren Uhrmacher in Haarlem in den Niederlanden. Während des Zweiten Weltkriegs versteckten sie Juden in einem geheimen Raum in ihrer Wohnung. Corrie ten Booms großartiges Buch, die Zuflucht, beschreibt diese Zeit ganz detailliert.[1]

Schließlich wurde die Familie verraten und Corries Vater starb im Gefängnis. Corrie und ihre Schwester, Betsie, landeten im Konzentrationslager Ravensbrück in Deutschland, wo Betsie ebenfalls starb.

Nach dem Krieg predigte Corrie in ganz Europa über Versöhnung. Im Folgenden ein Teil ihrer Geschichte in ihren eigenen Worten.[2] Achte darauf, wie Corrie sich selbst an Schriftstellen erinnert und wie wenig Zeit sie hat, um den Kampf zu gewinnen.

> Es war im Jahr 1947 und ich war aus Holland in ein besiegtes Deutschland gekommen mit der Botschaft, dass Gott vergibt.
>
> Das war die Wahrheit, die die Menschen in diesem zerstörten, ausgebombten Land am dringendsten brauchten, und ich gab ihnen mein liebstes Bild weiter. „Wenn wir unsere Sünden bekennen", sagte ich, „dann wirft sie Gott in die Tiefe des Meeres ... [Ich glaube], dass Gott dort eine riesen Boje hinsetzt auf der steht: Fischen verboten."
>
> [...] Und da sah ich ihn, wie er sich einen Weg nach vorne bahnte. Ich sah den Mantel und den braunen Hut und im nächsten Augenblick eine blaue Uniform und ein Käppi mit Totenkopf und gekreuzten Knochen. Es kam wie eine Rückblende. Ich stand wieder in dem großen Raum mit dem grellen hellen Licht; dem erschütternden Berg von Kleidern und

Schuhen in der Mitte des Raumes. Die Scham, nackt an diesem Mann vorbeigehen zu müssen! Ich sah die gebrechliche Gestalt meiner Schwester vor mir; die Rippen zeichneten sich scharf ab; die Haut wie Pergament. Betsie, wie dünn bist du geworden!

Der Ort war Ravensbrück und der Mann, der sich den Weg zu mir bahnte, war ein Wärter gewesen - einer der grausamsten Wärter im Lager.

Nun stand er vor mir mit ausgestreckter Hand. „Eine gute Botschaft, Fräulein!", sagte er. „Wie gut zu wissen, dass alle unsere Sünden auf dem Grund des Meeres liegen!"

Und ich, die so eindrücklich über Vergebung gesprochen hatte, machte mich an meinen Notizen zu schaffen, anstatt diese Hand zu nehmen. Er konnte sich nicht an mich erinnern, natürlich nicht; wie sollte er sich an eine Gefangene unter den Tausenden von Frauen erinnern können?

Aber ich erinnerte mich an ihn und an die Lederpeitsche, die in seinem Gürtel steckte. Ich stand einem meiner Peiniger gegenüber und mein Blut schien zu gefrieren.

„Sie erwähnten Ravensbrück in Ihrem Vortrag", sagte er. „Ich war dort Wärter."

Nein, er erkannte mich nicht.

„Aber das ist vorbei", fuhr er fort. „Ich bin Christ geworden. Ich weiß, dass Gott mir alle Grausamkeiten, die ich dort getan habe, vergeben hat. Aber ich möchte das auch noch aus Ihrem Mund hören. Fräulein", wieder streckte er mir seine Hand entgegen, „können Sie mir vergeben?"

Da stand ich nun - ich, deren Sünden wieder und wieder vergeben worden waren - und konnte nicht vergeben! Betsie war dort gestorben - konnte er ihren langsamen, schrecklichen Tod ausradieren - einfach mit dieser Bitte?

Es können nur ein paar Sekunden gewesen sein, dass er dastand mit seiner ausgestreckten Hand, aber mir kam es vor wie Stunden, denn ich musste mit der schwierigsten Sache fertig werden, mit der ich es je zu tun gehabt hatte.

Denn dass ich es tun musste, das wusste ich. Die Botschaft von Gottes Vergebung hat eine entscheidende Vorbedingung: Dass wir denen vergeben, die an uns schuldig geworden sind. "Wenn ihr den Menschen ihre Übertretungen nicht vergebt", sagt Jesus, „wird auch der Vater im Himmel euch eure Übertretungen nicht vergeben."

Das wusste ich - nicht nur als Gebot Gottes, sondern auch aus täglicher Erfahrung. Seit Kriegsende unterhielt ich in Bloemendaal das Heim für Opfer des Naziregimes und gerade dort konnte ich es doch mit Händen greifen: Nur die, die ihren früheren Feinden vergeben konnten, waren auch in der Lage, ins normale Leben zurückzufinden und neu anzufangen, unabhängig davon, in welchem körperlichen Zustand sie sich befanden. Wer seine Bitterkeit pflegte, blieb invalide. Das war ebenso einfach wie schrecklich.

Und ich stand immer noch da mit meinem kalten Herzen. Aber Vergebung ist kein Gefühl - das wusste ich auch. Vergebung ist ein Willensakt und der Wille kann ohne Rücksicht auf die Temperatur des Herzens handeln. „Jesus, hilf mir!", betete ich im Stillen. „Ich kann meine Hand heben. Wenigstens das kann ich tun. Das Gefühl dazu musst du mir geben."

Und dann legte ich hölzern, mechanisch meine Hand in die ausgestreckte Hand, die mir hingehalten wurde. Als ich das tat, geschah etwas Unglaubliches. Der Strom kam aus meiner Schulter, strömte meinen Arm hinunter und sprang über in unsere umschlossenen Hände. Und dann schien diese heilende Wärme mein ganzes Sein zu durchfluten. Tränen stiegen mir in die Augen.

„Ich vergebe dir, Bruder", weinte ich. „Von ganzem Herzen."

Einen langen Augenblick lang hielten wir uns die Hände, der frühere Wärter und die frühere Gefangene. Ich hatte Gottes Liebe noch nie so intensiv erlebt wie in diesem Augenblick. Aber mir war auch klar, dass es nicht meine Liebe war. Das hatte ich ausprobiert und da war keine solche Kraft. Es war die Kraft des Heiligen Geistes, von dem es in Römer 5,5 heißt: „... weil die Liebe Gottes ausgegossen ist in unsere Herzen durch den Heiligen Geist, der uns gegeben ist."

Möge der Heilige Geist dich dazu befähigen, dein Schwert zu führen, um die Pläne des Feindes zu zerstören.

---

1. Corrie Ten Boom, John Sherrill, and Elizabeth Sherrill, *The Hiding Place* (London: Hodder and Stoughton, 2004).
2. Corrie Ten Boom and Jamie Buckingham, *Tramp for the Lord* (London: Hodder and Stoughton, 1974), 55-57.
    Freie Übersetzung ins Deutsche.

HAT DIR DIESES BUCH GEFALLEN?

Rezensionen verkaufen Bücher.

Weil dieses Buch im Selbstverlag veröffentlicht wurde, ist der einzige Weg es Lesern bekannt zu machen, wenn du davon weiter erzählst. Online Rezensionen sind eine Möglichkeit, deine Begeisterung zu teilen.

Ein Buch kann niemals zu viele Rezensionen haben.

Wie schreibt man eine Rezension?
3 einfache Schritte:

1. Schreibe einige Sätze darüber, was dir an dem Buch gefallen hat! Vielleicht einen Satz darüber, welche Menschen sich besonders darüber freuen würden. Selbst ein einziges Wort verwandelt eine einfache Sternebewertung in eine Rezension.

2. Veröffentliche deine Rezension - dieselbe Rezension kann einfach auf jede Seite kopiert werden. Priorität haben natürlich Webseiten, die Bücher verkaufen.

3. Wenn dir das Buch gefallen hat, teile deine Rezension bitte auch auf deinen Social-Media-Kanälen! Jede Verbreitung ist wertvoll.

ANDERE BÜCHER VON CHRISTINE DILLON

Alle anderen Bücher von Christine sind auf Englisch.

Fünf christliche Romane (Bald sechs).

https://www.storytellerchristine.com/bookstag/my-book-table/

1-2-1 Discipleship: Helping one another grow spiritually (Christian Focus, 2009).

Telling the Gospel Through Story: Evangelism that keeps hears wanting more (IVP, 2012).

NACHWORT DER AUTORIN

Dieses Buch hat eine komplizierte Reise bis hin zu seiner Veröffentlichung hinter sich. Es war eines der ersten Bücher, die ich geschrieben habe, aber es lag zwölf Jahre lang unveröffentlicht herum.

Bei einem Abendessen im Jahr 2008 hörte einer der anwesenden Männer meine Gedanken über den Schwertkampf. Er bat mich eindringlich, ein Buch darüber zu schreiben. Er war dabei so hartnäckig, dass ich mich gleich daran setzte und ihm die Rohfassung schickte, damit er sie kommentieren konnte.

Die Kritik, die ich bekam, war so vernichtend, dass ich das Manuskript ein ganzes Jahr lang nicht mehr anschaute. Wenn ich zu dem Zeitpunkt nicht gerade einen Vertrag für *1-2-1 Discipleship* unterschrieben gehabt hätte, wäre meine schriftstellerische Karriere vielleicht damit zu Ende gewesen. Ich verlor jedenfalls das bisschen Selbstvertrauen, das ich bis dahin gehabt hatte.

Ein Jahr später erzählte ich einem Pastor und Freund von der Kritik, die ich bekommen hatte. Er bot an das Manuskript zu lesen und gab mir einige hilfreiche Rückmeldungen.

Das machte mir den Unterschied sehr deutlich zwischen starker Kritik, die liebevoll formuliert ist, und solcher, die es nicht ist.

Ich schrieb das Manuskript um, aber während der nächsten zwölf Jahre wurde es nur von Leuten gelesen, die mich zu dem Thema befragten.

Letztes Jahr, als ich begann meinen vierten Roman zu schreiben, stellte sich heraus, dass das Konzept des Schwertkampfs ein Teil der Handlung sein würde. Dem Stil eines Romans entsprechend würde ich nicht allzu viel darüber sagen können, aber ich fragte mich dann doch, ob jetzt der Zeitpunkt gekommen war, auch das Sachbuch zu veröffentlichen.

Ich begann es zu überarbeiten, verlor aber schnell den Mut. Genau dann riefen mich zwei Freunde unabhängig voneinander an und fragten mich, ob ich dieses „hilfreiche Manuskript" veröffentlichen würde. Ich verstand das als Gottes Führung und machte mich ernsthaft an die Überarbeitung. Voller Angst schickte ich das Manuskript dann an eine Gruppe Testleser, einschließlich einiger Personen im vollzeitlichen gemeindlichen Dienst. Das Feedback war eindeutig: Veröffentliche es, wir brauchen dieses Buch.

Ich bete dafür, dass der Inhalt dieses Buches das täglichen Leben vieler Christen beeinflusst, Christen, die mit dem einen oder anderen der angesprochenen Probleme zu kämpfen haben und von diesen runtergezogen werden.

DANKSAGUNGEN

Kein Buch ist das Werk einer einzelnen Person. Mein Team ist großartig und dieses Mal gehören einige neue Menschen dazu, denn Sachbücher sind etwas ganz anderes als Romane. Einige von euch habe ich noch nie getroffen.

Mein erster Dank geht an Jesus, der Kevin R. dazu gebraucht hat, mich bezüglich des Inhalts zu ermutigen, weshalb ich das Manuskript nicht vernichtet habe.

Danke an die Menschen, die im Laufe der letzten zwölf Jahre den Inhalt in ihrem Leben angewendet und mich dadurch an das Vorhandensein dieses Manuskripts erinnert haben.

Charissa M. und Cathy S., danke, dass ihr mich gedrängt habt, dieses Buch zu veröffentlichen und danke an alle, die das frühe Manuskript gelesen und korrigiert haben. Eure Kommentare waren hilfreich und haben mich ermutigt weiter zu machen.

Die Übersetzung ins Deutsche kam zustande, weil Elke Hain nach dem Lesen der englische Version des Buches zu der Überzeugung gelangte, dass es eine deutsche Version geben sollte. Nachdem wir darüber gebetet hatten, suchten wir eine Übersetzerin. Danke Kerstin für deinen Einsatz. Danke Elke und Margarete für die große Aufgabe des Lektorats. Danke auch an alle, die die Übersetzung kommentiert und korrigiert haben.

Ich bin so dankbar für diese Gruppe von Geschwistern, die alle zusammen gearbeitet haben, um etwas zu erreichen, das ich alleine niemals geschafft hätte.

ÜBER CHRISTINE

Christine Dillon hat einen australischen Pass, ist jedoch in Asien aufgewachsen, weil ihre Eltern Missionare in Taiwan waren. Sie ist in Malaysia und auf den Philippinen zur Schule gegangen. In Australien besuchte sie eine Universität. Anschließend arbeitete sie mehrere Jahre lang als Physiotherapeutin und besuchte gleichzeitig eine Bibelschule.

1999 kehrte sie als Missionarin nach Taiwan zurück. Sie liebt es Geschichten aus der Bibel zu erzählen und Menschen in der Evangelisation und Jüngerschaft zu schulen. 2021 kehrte sie nach Australien zurück, um weiter mit OMF zu arbeiten und ihre Eltern zu unterstützen.

Neben dem vorliegenden hat Christine weitere Bücher geschrieben, die auf Englisch erhältlich sind (die Sachbücher außerdem auf Chinesisch).

- *1-2-1 Discipleship: Helping one another grow spiritually* (Scotland, Christian Focus Publications, 2009).

- *Telling the Gospel Through Story: Evangelism that keeps hearers wanting more* (USA, IVP, 2012).

- *Stories aren't just for kids: Busting 10 myths about Bible storytelling* (2017).

- Fünf christliche Romane - *Grace in Strange Disguise* (2017), *Grace in the Shadows* (2018), *Grace in Deep Waters* (2019), *Grace in the*

Desert (2020), and *Grace Beneath the Frost* (2021). Ein sechster Roman sollte die Serie vervollständigen.

---

www.storytellerchristine.com
www.storyingthescriptures.com

www.ingramcontent.com/pod-product-compliance
Lightning Source LLC
Chambersburg PA
CBHW070254010526
44107CB00056B/2460